Liefde:
De vervulling van de wet

Liefde:
De vervulling van de wet

Dr. Jaerock Lee

Liefde: De vervulling van de wet door Dr. Jaerock Lee
Gepubliceerd door Urim Books (Vertegenwoordiger: Seongnam Vin)
73, Yeouidaebang-ro 22-gil, Dongjak-gu, Seoul, Korea
www.urimbooks.com

Alle rechten voorbehouden. Dit boek of delen van dit boek mogen in geen enkele vorm gekopieerd worden, in een terughaal systeem opgeslagen worden, of geleid worden in enige vorm of met enige betekenis, elektronisch, mechanisch, gekopieerd, opgenomen worden of iets dergelijks, zonder de toegestane schriftelijke goedkeuring van de uitgever.

Tenzij anders vermeld zijn alle Schriftgedeeltes genomen van de Heilige Bijbel, NBG vertaling 1951, ®, Copyright © 1960, 1962, 1963, 1968, 1971, 1972, 1973, 1975, 1977, 1995 door de Lockman Foundation. Gebruikt met toestemming.

Copyright © 2018 door Dr. Jaerock Lee
ISBN: 979-11-263-0466-0   03230
Vertaling Copyright © 2014 door Dr. Esther K. Chung Gebruikt met toestemming.

Voorheen gepubliceerd in het Koreaans door Urim Books in 2009

Eerst uitgave november 2018

Bewerkt door Dr. Geumsun Vin
Ontworpen door de uitgeverij van Urim Books
Gedrukt door Prione Printing
Voor meer informatie, neem contact op met: urimbook@hotmail.com

*"De liefde doet de naaste geen kwaad;
daarom is de liefde de vervulling der wet."*

Romeinen 13:10

Voorwoord

Hopend dat de lezers het Nieuwe Jeruzalem gaan bezitten door geestelijke liefde

Een advertentie bedrijf in het Verenigd Koninkrijk gaf een quiz aan het publiek, waarbij ze vroegen wat de langste reis was van Edinburgh, Schotland naar London, Engeland. Ze zouden een grote beloning geven aan de persoon wiens antwoord werd verkozen. Het antwoord dat uiteindelijk werd uitgekozen was "reizen met een geliefde." We begrijpen dat wanneer we reizen met onze geliefden, dat zelfs een verre afstand kort aanvoelt. Op dezelfde manier, wanneer wij God liefhebben, is het niet moeilijk om Zijn Woord in de praktijk te brengen (1 Johannes 5:3). God heeft ons niet de Wet gegeven en heeft ons niet gezegd dat wij Zijn geboden moeten onderhouden om ons een moeilijke tijd te geven.

Het woord "Wet" komt van het Hebreeuwse woord "Torah", welke betekent "verordening", en "les." Torah verwijst eigenlijk naar de Pentateuch welke de Tien Geboden bevat. Maar de "Wet" verwijst naar de 66 boeken van de Bijbel als een geheel, of enkel naar de verordeningen van God die ons vertellen om sommige dingen te doen, niet te doen, te houden of te verwerpen. Mensen denken misschien dat de Wet en liefde niet in verband staan met elkaar, maar ze kunnen niet van elkaar worden gescheiden. Liefde behoort God toe, en zonder God lief te hebben, kunnen wij de Wet niet volledig onderhouden. De Wet kan alleen worden vervuld wanneer wij het uitoefenen met liefde.

Er is een verhaal dat ons de kracht van liefde laat zien. Een jonge man stortte neer toen hij over een woestijn vloog in een klein vliegtuig. Zijn vader was een hele rijke man, en hij huurde een zoek- en reddingsteam in om zijn zoon te vinden, maar het was tevergeefs. Dus hij verspreidde miljoenen folders in de woestijn. Wat hij op de folder schreef was, "Zoon, ik hou van je." De zoon die ronddwaalde in de woestijn, vond er één en ontving moed om zo verder te kunnen gaan totdat hij uiteindelijk gered werd. De vaders ware liefde redde zijn zoon. Net zoals de vader folders over de hele woestijn verspreidde, hebben ook wij de plicht om de liefde van God te verspreiden aan talloze zielen.

God bewees Zijn liefde door Zijn enige geboren Zoon, Jezus naar deze aarde te sturen om de mensheid, die zondaren waren, te redden. Maar de Wetgeleerden van de tijd van Jezus, richtten zich alleen maar op de formaliteiten van de Wet en ze begrepen niet echt de ware liefde van God. Uiteindelijk veroordeelden ze de enige Zoon van God, Jezus, als een lasteraar, die de Wet afschafte en ze kruisigden Hem. Ze begrepen de liefde van God niet die samenhangt met de Wet.

In 1 Korintiërs hoofdstuk 13, wordt het voorbeeld van "geestelijke liefde" goed beschreven. Het vertelt ons over de liefde van God die Zijn enige geboren Zoon zond, om ons, die bestemd waren om te sterven door de zonden te redden, en de liefde van de Here die ons zo lief had dat Hij zelfs al Zijn hemelse glorie achterliet en stierf aan het kruis. Als wij ook de liefde van God willen brengen aan de talloze stervende zielen in de wereld, moeten wij deze geestelijke liefde beseffen en uitoefenen.

> *"Een nieuw gebod geef Ik u, dat gij elkander liefhebt; gelijk Ik u liefgehad heb, dat gij ook elkander liefhebt. Hieraan zullen allen weten, dat gij discipelen van Mij zijt, indien gij liefde hebt onder elkander"* (Johannes 13:34-35).

Dit boek is nu uitgegeven zodat de lezers kunnen onderzoeken tot welke mate zij de geestelijke liefde hebben ontwikkeld en tot welke mate zij zichzelf moeten veranderen met de waarheid. Ik geef mijn dank aan Geumsum Vin, de directeur van de uitgeverij en het personeel, en ik hoop dat alle lezers de Wet met liefde zullen vervullen en uiteindelijk het Nieuwe Jeruzalem zullen bezitten, de mooiste verblijfplaats in de Hemel.

Jaerock Lee

Introductie

Hopend dat de lezers veranderd zullen worden door de waarheid van God door volmaakte liefde te ontwikkelen.

Een TV zender deed een enquête onderzoek onder de getrouwde vrouwen. De vraag was of ze al dan niet opnieuw met dezelfde man zouden trouwen als ze hun man opnieuw konden uitkiezen. Het resultaat was schokkend. Enkel 4% van de vrouwen zou opnieuw dezelfde man kiezen. Ze zouden met hun man getrouwd moeten zijn omdat ze van hen hielden, en waarom zouden ze nu willen veranderen? Het kwam omdat zij niet liefhadden met geestelijke liefde. Dit boek *Liefde: De vervulling van de wet* zal ons onderwijzen over deze geestelijke liefde.

In Deel 1 "De betekenis van liefde" kijken we naar de verschillende vormen van liefde die gevonden worden tussen man en vrouw, ouders en kinderen, en vrienden en buren, en geven ons daarbij een idee van het verschil tussen vleselijke liefde en geestelijke liefde. Geestelijke liefde is om de andere persoon lief te hebben met een onveranderlijk hart, zonder iets terug te verlangen. In tegenstelling, verandert vleselijke liefde in verschillende situaties en omstandigheden, en om die reden is geestelijke liefde kostbaar en mooi.

Deel 2 "Liefde als in het liefdeshoofdstuk", verdeeld 1 Korintiërs 13 onder in drie delen. Het eerste deel, "De soort van liefde die God verlangt" (1 Korintërs 13:1-3), is de introductie tot het hoofdstuk dat de nadruk legt op de belangrijkheid van geestelijke liefde. Het tweede deel, "Kenmerken van liefde" (1 Korintiërs 13:4-7), is het voornaamste deel van het Liefdeshoofdstuk en het vertelt ons over de 15 kenmerken van geestelijke liefde. Het derde deel, "Volmaakte liefde", is het einde van het Liefdeshoofdstuk, welke ons laat weten dat geloof en hoop tijdelijk nodig zijn, tijdens ons leven hier op aarde, terwijl we voorwaarts gaan naar het Koninkrijk van de Hemel, waar de liefde eeuwig blijft, zelfs in het koninkrijk van de Hemel.

Deel 3, "Liefde is de vervulling van de wet", legt uit wat het is om de Wet met liefde te vervullen. Het zet ook de liefde van God vrij die ons, mensen ontwikkelt hier op deze aarde en de liefde van Christus die de weg van redding voor ons opent.

Het "hoofdstuk van liefde" is maar één van de 1.189 hoofdstukken van de Bijbel. Maar het is als een kostbare kaart, die ons laat zien waar we grote hoeveelheden van schatten kunnen vinden, want het onderwijst ons tot in detail de weg naar het Nieuwe Jeruzalem. Ondanks dat wij de kaart hebben en de weg kennen, heeft het geen nut als wij niet die weg gaan. Dat wil zeggen, dat het nutteloos is wanneer wij de geestelijke liefde niet uitoefenen.

God heeft welgevallen in geestelijke liefde, en we kunnen deze geestelijke liefde bezitten tot de mate dat wij het Woord van God, welke de waarheid is, horen en uitoefenen. Eens wij de geestelijke liefde bezitten, kunnen we de liefde en zegeningen van God ontvangen, en uiteindelijk het Nieuwe Jeruzalem binnengaan, de mooiste verblijfplaats van de Hemel. Liefde is het uiterste doel waarvoor God de mensen heeft geschapen en ontwikkeld. Ik bid dat alle lezers God eerst zullen liefhebben en hun naaste als zichzelf, zodat zij de sleutels kunnen krijgen om de parelen poorten van het Nieuwe Jeruzalem te openen.

Geumsun Vin
Directeur van de uitgeverij

Inhoudsopgave — *Liefde: De vervulling van de wet*

Voorwoord · VII

Introductie · XI

Deel 1 De betekenis van liefde

Hoofdstuk 1: Geestelijke liefde · 2

Hoofdstuk 2: Vleselijke liefde · 10

Deel 2 Liefde als in het liefdeshoofdstuk

Hoofdstuk 1: De soort van liefde die God verlangt · 24

Hoofdstuk 2: De kenmerken van liefde · 42

Hoofdstuk 3: De volmaakte liefde · 168

Deel 3 Liefde is de vervulling van de wet

Hoofdstuk 1: De liefde van God · 180

Hoofdstuk 2: De liefde van Christus · 192

"En indien gij liefhebt, die u liefhebben,

wat hebt gij vóór?

Immers, ook de zondaars hebben lief,

die hen liefhebben."

Lucas 6:32

Deel 1
De betekenis van liefde

Hoofdstuk 1 : Geestelijke liefde

Hoofdstuk 2 : Vleselijke liefde

HOOFDSTUK 1 — Geestelijke liefde

Geestelijke liefde

*"Geliefden, laten wij elkander liefhebben,
want de liefde is uit God; en een ieder, die liefheeft,
is uit God geboren en kent God.
Wie niet liefheeft, kent God niet, want God is liefde."*
1 Johannes 4:7-8

Enkel het horen van het woord "liefde" maakt dat onze harten kloppen en onze gedachten fladderen. Als wij iemand kunnen liefhebben en ware liefde kunnen delen tijdens ons leven, dan zou het het leven zijn dat vervuld is tot de uiterste mate van geluk. Soms horen we over mensen die situaties, zoals zelfs de dood, hebben overwonnen en hun leven mooi maken door de kracht van liefde. Liefde is een noodzaak om een gelukkig leven te leiden; het heeft de grootste kracht om levens te veranderen.

Het Merriam-Webster's online Woordenboek definieert liefde als "sterke genegenheid voor elkaar die ontstaat uit verwantschap of persoonlijke bindingen" of "genegenheid gebaseerd op bewondering, vriendelijkheid of gelijke interesses." Maar het soort van liefde waar God over spreekt is liefde op een hoger niveau, namelijk geestelijke liefde. Geestelijke liefde zoekt het beste voor anderen; het geeft vreugde, hoop en leven aan hen, en het veranderd nooit. Bovendien, geeft het ons niet alleen nu, tijdens dit tijdelijke, aardse leven voordeel, maar het leidt onze zielen tot redding en geeft ons eeuwig leven.

Een verhaal van een vrouw die haar man leidde naar de kerk

Er was een vrouw, die getrouw was in haar leven als Christen. Maar haar man vond het niet leuk dat zij naar de kerk ging en gaf haar een moeilijke tijd. Zelfs in zulke moeilijke tijden, ging zij elke morgen naar de ochtend bidstond en bad voor haar man. Op een dag ging ze naar de ochtend bidstond en had de schoenen van haar man bij. Terwijl ze de schoenen vasthield aan haar boezem, bad ze in tranen, "God, vandaag ben ik met deze schoenen naar de kerk gekomen, maar laat de volgende keer, ook de eigenaar van deze schoenen naar de kerk komen."

Na enige tijd, begonnen ontzagwekkende dingen te gebeuren. De man kwam naar de kerk. Dit deel van het verhaal gaat als volgt: vanaf een bepaald moment, iedere keer wanneer de man het huis verlaat om te gaan werken, voelde hij een warmte in zijn schoenen. En op een dag, zag hij zijn vrouw ergens heen gaan met zijn schoenen en hij volgde haar. Ze ging naar de kerk.

Hij was boos, maar hij kon zijn nieuwsgierigheid niet overwinnen. Hij moest ontdekken wat ze in de kerk ging doen met zijn schoenen. Terwijl hij stil de kerk binnenging, was zijn vrouw aan het bidden terwijl zij zijn schoenen stevig vasthield tegen haar boezem. Hij hoorde het gebed, en ieder woord van het gebed was voor zijn welzijn en zegeningen. Zijn hart was aangeraakt, en hij had spijt van hoe hij zijn vrouw had behandeld. Uiteindelijk, werd de man zo bewogen door de liefde van zijn vrouw en werd een toegewijd Christen.

De meeste vrouwen in dit soort van situaties vragen mij gewoonlijk om voor hen te bidden, "mijn man geeft mij een moeilijke tijd, omdat ik naar de kerk kom. Bid alstublieft voor mijn man dat hij zal stoppen om mij te vervolgen." Maar dan antwoord ik, "Wordt snel geheiligd en kom in de Geest. Dat is de manier om je probleem op te lossen." Ze geven dan meer geestelijke liefde aan hun mannen tot de mate dat zij de zonde hebben verworpen en in de Geest zijn gekomen. Welke man zal zijn vrouw een moeilijke tijd geven, als zij offert en hem dient vanuit het hart?

In het verleden, beschuldigde de vrouw haar man, maar nu ze veranderd is door de waarheid, beschuldigd ze zichzelf en vernederd zich. Dan kan het geestelijke licht de duisternis verdrijven en ook de man veranderen. Wie zou er nu voor iemand anders bidden, die hem een moeilijke tijd geeft? Wie zou zichzelf opofferen voor buren die u negeren en ware liefde aan hen geven? De kinderen van God die geleerd hebben om ware liefde te hebben van de Here kunnen zulke liefde hebben voor anderen.

Onveranderlijke liefde en vriendschap van David en Jonatan

Jonatan was de zoon van Saul, de eerste koning van Israël. Toen hij zag dat David, de kampioen van de Filistijnen, Goliath, had verslaan met een slinger en een steen, wist hij dat David een strijder was op wie de Geest van God was gekomen. Terwijl hij zelf ook een leger generaal was, werd Jonatan's hart gevangen door de moed van David. Vanaf dat moment, hield Jonatan van David als van zichzelf, en begon hij een sterke vriendschapsband te bouwen. Jonatan hield zoveel van David dat hij niets wilde behouden als het om David ging.

Terstond, nadat David opgehouden had tot Saul te spreken, werd de ziel van Jonatan verknocht aan die van David; en Jonatan had hem lief als zichzelf. Saul nam hem die dag met zich mee en stond hem niet toe naar zijns vaders huis terug te keren. Jonatan sloot een verbond met David, omdat hij hem liefhad als zichzelf.

Jonatan trok de mantel uit, die hij droeg, en gaf die aan David, ook zijn wapenrok, zelfs zijn zwaard, zijn boog en zijn gordel (1 Samuël 18:1-4).

Jonatan was de erfgenaam van de troon als zijnde de eerste zoon van Koning Saul, en hij kon David gemakkelijk hebben gehaat, omdat David veel meer geliefd was door de mensen. Hij had geen verlangen naar de titel van koning. Maar hij riskeerde eerder zijn leven terwijl hij probeerde om David te redden, van Saul, die hem wilde doden om zo zijn troon te behouden. Zo'n liefde verandert nooit tot de dood. Toen Jonatan stierf in de strijd van Gilboa, treurde en weende David en hij vastte tot de avond.

Het is mij bang om u, mijn broeder Jonatan, gij waart mij zeer lief; uw liefde was mij wonderlijker dan liefde van vrouwen (2 Samuël 1:26).

Nadat David koning werd, vond hij Mefiboset, de enige zoon van Jonatan, en gaf hem al de bezittingen van Saul en zorgde voor hem als voor zijn eigen zoon in het paleis (2 Samuël 9). Zoals dit, is geestelijke liefde, liefde voor een ander persoon, met een onveranderlijk hart, met iemands hele leven, zelfs als het geen voordeel brengt, maar schade aan jezelf. Enkel vriendelijk zijn met de hoop dat je iets terugkrijgt, is geen echte liefde. Geestelijke liefde, is jezelf opofferen en onvoorwaardelijk blijven geven aan die andere, met een zuiver en waar motief.

De onveranderlijke liefde van God en de Here voor ons

De meeste mensen ervaren een hartverscheurende pijn vanwege de vleselijke liefde in hun levens. Wanneer wij pijn hebben en ons eenzaam voelen vanwege de liefde die zo gemakkelijk veranderd, is er iemand die ons vertroost en onze vriend wordt. Hij is de Here. Hij werd veracht en door mensen verlaten ondanks dat Hij onschuldig was (Jesaja 53:3), dus Hij begrijpt onze harten heel goed. Hij verliet Zijn hemelse glorie en kwam naar deze aarde, om de weg van lijden te nemen. Door zo te doen, werd Hij een echte Trooster en Vriend. Hij gaf ons ware liefde, totdat Hij aan het kruis hing en stierf.

Voordat ik een gelovige in God werd, leed ik aan vele soorten ziekten en heb ik volledig pijn en eenzaamheid ervaren die veroorzaakt werd door armoede. Nadat ik gedurende zeven jaren ziek was, was het enige wat ik nog over had mijn zieke lichaam, toenemende schuld, minachting van mensen, eenzaamheid en wanhoop. Al degenen die ik had vertrouwd en liefhad, hadden mij verlaten. Maar iemand kwam naar mij toe, toen ik mij volkomen eenzaam voelde in het hele universum. Het was God. Toen ik God ontmoette, genas Hij mij in één keer van al mijn ziekten, en ik kreeg een nieuw leven.

De liefde die God aan mij gaf was een vrij geschenk. Ik hield niet eerst van Hem. Hij kwam eerst naar mij toe en strekte Zijn hand naar Mij uit. Terwijl ik de Bijbel begon te lezen, kon ik de belijdenis van Gods liefde voor mij horen.

> *Kan ook een vrouw haar zuigeling vergeten, dat zij zich niet ontfermen zou over het kind van haar schoot? Al zouden zij die vergeten, toch vergeet Ik u niet. Zie, Ik heb u in mijn handpalmen gegrift, uw muren zijn bestendig vóór Mij* (Jesaja 49:15-16).

> *En hierin is Gods liefde ons geopenbaard: God heeft zijn enige Zoon in de wereld gezonden, opdat we door hem zouden leven. Het wezenlijke van de liefde is niet dat wij God hebben liefgehad, maar dat hij ons heeft liefgehad en zijn Zoon heeft gezonden om verzoening te brengen voor onze zonden* (1 Johannes 4:9-10).

God verliet mij niet, zelfs niet toen ik streed in mijn lijden nadat iedereen mij had verlaten. Toen ik Zijn liefde voelde, kon ik de tranen niet stoppen die in mijn ogen kwamen. Ik kon voelen dat de liefde van God echt was, vanwege de pijnen die ik leed. Nu, ben ik een voorganger, een dienstknecht van God geworden, om de harten van vele zielen te troosten en de genade die God mij heeft gegeven, terug te betalen.

God is de liefde zelf. Hij zond Zijn enig geboren Zoon, Jezus naar deze aarde voor ons, die zondaren zijn. En Hij wacht op ons om te komen naar het Hemelse koninkrijk, waar Hij zoveel mooie en kostbare dingen heeft geplaatst. We kunnen de delicate en overvloedige liefde van God voelen, als we ons hart maar een klein beetje zouden openen.

> *Want hetgeen van Hem niet gezien kan worden, zijn eeuwige kracht en goddelijkheid, wordt sedert de*

schepping der wereld uit zijn werken met het verstand doorzien, zodat zij geen verontschuldiging hebben (Romeinen 1:20).

Waarom denkt u niet alleen aan de mooie natuur? De blauwe lucht, de heldere zee, en alle bomen en planten, zijn de dingen die God voor ons heeft gemaakt, zodat terwijl wij hier op aarde leven, hoop kunnen hebben voor het koninkrijk van de Hemel, totdat wij daar komen.

Van de golven die de kust raken; tot de sterren die stralen alsof ze dansen; de luidde donder van de grote watervallen; en door de zachte bries die ons voorbij gaat, kunnen we de adem van God voelen, die ons zegt "Ik hou van jou." Daar wij verkozen zijn als kinderen van deze liefdevolle God, wat voor soort liefde zouden wij dan moeten hebben? We moeten eeuwige en echte liefde hebben en geen betekenisloze liefde die verandert wanneer de situatie ons geen voordeel brengt.

HOOFDSTUK 2

Vleselijke liefde

*"En indien gij liefhebt, die u liefhebben,
wat hebt gij vóór?
Immers, ook de zondaars hebben lief,
die hen liefhebben."*
Lucas 6:32

Een man staat voor een grote menigte, bij het Meer van Galilea. De blauwe golven van de zee achter Hem, lijken te dansen op de zachte bries. Alle mensen zijn stil geworden om naar Zijn woorden te luisteren. Tot de menigte van mensen die daar en op een kleine heuvel zitten, was Hij aan het vertellen hoe het licht en het zout van de aarde te worden en zelfs hun vijanden lief te hebben, op een zachte maar toch resolute toon.

Want indien gij liefhebt, die u liefhebben, wat voor loon hebt gij? Doen ook de tollenaars niet hetzelfde? En indien gij alleen uw broeders groet, waarin doet gij meer dan het gewone? Doen ook de heidenen niet hetzelfde? (Matteüs 5:46-47).

Zoals Jezus zei, de ongelovigen en zelfs de zondaren kunnen liefde tonen aan degenen die aardig zijn tegen hen en degenen die hen voordeel brengen. Er is ook valse liefde, welke aan de buitenkant goed lijkt te zijn, maar de binnenkant is niet echt. Het is vleselijke liefde die na een tijdje verandert en het breekt en valt uit elkaar met mindere dingen als gevolg.

Vleselijke liefde kan op elk moment in de tijd veranderen. Wanneer de situatie of de voorwaarden veranderen, kan vleselijke liefde ook veranderen. Mensen hebben vaak de neiging om hun houding te veranderen overeenkomstig het voordeel dat zij ontvingen. Mensen geven pas nadat ze eerst iets hebben ontvangen van iemand anders, of ze geven alleen maar als het voordeel voor hen lijkt te brengen. Wanneer wij geven en dezelfde hoeveelheid terug willen ontvangen, of wanneer wij ons teleurgesteld voelen wanneer anderen niet iets teruggeven aan ons, dan komt dat ook omdat wij vleselijke liefde hebben.

Liefde tussen ouders en kinderen

De liefde van ouders, die blijven geven aan hun kinderen, beweegt het hart van velen. Ouders zeggen niet dat het moeilijk is om voor hun kinderen te zorgen met alles wat ze hebben, omdat ze van hun kinderen houden. Het is gebruikelijk het verlangen van ouders om goede dingen te geven aan hun kinderen, zelfs als het betekent dat ze zelf niet goed kunnen eten of goed gekleed kunnen rondlopen. Maar er is nog steeds plaats in het hart van ouders die hun kinderen lief hebben waarbij zij toch ook hun eigen voordeel zoeken.

Als zij werkelijk van hun kinderen houden, zouden zij in staat moeten zijn om hun eigen leven te geven zonder er iets voor terug te willen. Maar er zijn eigenlijk veel ouders die hun kinderen opvoeden voor hun eigen voordeel en eer. Ze zeggen, "Ik zeg u dit voor uw eigen goed," maar in feite proberen zij op deze manier hun kinderen te controleren om hun eigen verlangen voor roem, of voor een tijdelijk voordeel te vervullen. Wanneer de kinderen hun eigen pad van carrière kiezen of gaan trouwen, wanneer zij een weg kiezen of een echtgenoot die de ouders niet willen accepteren, dan gaan zij er sterk tegenin en worden teleurgesteld. Het laat zien dat hun toewijding en offer voor hun kinderen, allemaal met voorwaarden waren. Ze proberen dat te krijgen door hun kinderen, voor de liefde die zij hebben gegeven.

De liefde van kinderen is gebruikelijk veel minder dan dat van de ouders. Een Koreaans gezegde gaat als volgt, "Wanneer de ouders ziek zijn voor een lange tijd, zullen alle kinderen hun ouders verlaten." Wanneer de ouders ziek zijn of oud worden, en als er geen kans op herstel is, en als de kinderen voor hen moeten gaan zorgen, vinden zij het in toenemende mate moeilijk om met de situatie om te gaan. Wanneer ze kleine kinderen zijn, zeggen ze soms zoiets als, "Ik ga niet trouwen en ik ga bij u blijven leven, mama en papa." Ze denken misschien zelfs dat ze voor de rest van hun leven willen leven bij hun ouders. Maar wanneer zij groter worden, worden zij minder en minder geïnteresseerd in de ouders, omdat ze druk bezig zijn met hun eigen leven. De harten van mensen zijn zo doof voor zonden in deze dagen, en zelfs de zonden zijn zo heersend dat ouders hun kinderen doden of kinderen hun ouders doden.

Liefde tussen man en vrouw

Wat nu over de liefde tussen getrouwde echtparen? Wanneer zij met elkaar daten, zeggen ze allerlei lieve woorden zoals, "Ik kan niet zonder jou leven. Ik zal je voor altijd liefhebben." Maar wat gebeurt er nadat zij trouwen? Ze nemen het hun echtgenoot kwalijk en zeggen, "Ik kan mijn eigen leven niet meer leven door jou. Je hebt mij misleid."

Ze waren gewoon om hun liefde aan elkaar te belijden, maar na het huwelijk, vermelden ze vaak afscheiding of scheiding, omdat ze denken dat hun familie achtergrond, opleiding, of persoonlijkheid toch niet overeenkomen. Als het eten niet zo goed is als de echtgenoot het wil, zal hij tegen zijn vrouw klagend zeggen, "Wat voor soort eten is dit? Er is niets om te eten!" Ook wanneer de man niet genoeg geld verdiend, begint de vrouw op haar man te vitten, zeggende dingen zoals, "De man van mijn vriendin is al gepromoveerd tot directeur en een andere tot Uitvoerende officier.... Wanneer krijg jij promotie,... en een andere vriendin van mij heeft een groter huis gekocht en een nieuwe auto, maar hoe staat het met ons? Wanneer kunnen wij betere dingen hebben?"

In de statistieken van huiselijk geweld in Korea, gebruikt bijna de helft van de getrouwde koppels geweld tegen hun echtgenoot. Dus vele getrouwde koppels verliezen hun eerste liefde die ze hadden, en nu haten en maken ze ruzie met elkaar. Hedendaags, zijn er zelfs koppels die al uit elkaar gaan tijdens hun huwelijksreizen! De gemiddelde duur van het huwelijk tot de scheiding wordt ook steeds korter. Ze dachten dat ze zoveel van hun echtgenoot hielden, maar terwijl ze samen wonen zien ze de negatieve kanten van elkaar. Omdat hun manier van denken en smaken van elkaar verschillen, komen ze voortdurende van het ene in het andere conflict. Terwijl ze dit doen, worden al hun emoties, waarvan zij dachten dat het liefde was verkild.

Zelfs al hebben ze geen duidelijke problemen met elkaar, ze raken gewend aan elkaar, en de eerste liefde verkild terwijl de tijd verder gaat. Dan keren ze hun ogen naar andere mannen of vrouwen. De man is teleurgesteld in de vrouw, die er 's morgens onverzorgd uitziet, en terwijl ze ouder en dikker wordt, voelt hij steeds minder charme voor haar. De liefde moet worden verdiept terwijl de tijd verder gaat, maar in de meeste gevallen gebeurt dat niet. Uiteindelijk, ondersteunen de veranderingen in hen het feit dat deze liefde, vleselijke liefde was, dat zijn eigen voordeel zoekt.

Liefde onder broeders

De broers/zussen die geboren zijn uit dezelfde ouders en samen zijn opgegroeid, zijn closer met elkaar dan andere mensen. Ze kunnen op elkaar steunen voor vele dingen want ze delen vele dingen en stapelen liefde op voor elkaar. Maar sommige broers/zussen hebben een gevoel van competitie tegen elkaar en worden jaloers op de andere broers en zussen.

De eerstgeborene kan soms het gevoel krijgen dat de liefde van de ouders dat voor hen bedoeld was, nu van hen wordt weggenomen en gegeven wordt aan de jongere broers/zussen. Het tweede kind voelt zich misschien onstabiel want het voelt zich minderwaardiger dan zijn grote broer of grote zus. Die broers/zussen die zowel oudere als jongere broers/zussen hebben, kunnen zowel het minderwaardige gevoel hebben naar de oudere toe als de last dat ze moeten omzien naar hun jongere. Ze kunnen een gevoel hebben dat ze slachtoffers zijn, want ze kunnen niet de aandacht van hun ouders trekken. Als de broers/zussen niet op de juiste manier omgaan met zo'n emoties, zullen zij geen fijne relaties hebben met hun broers en zussen.

De eerste moord in de geschiedenis van de mensheid was ook tussen twee broers. Het werd veroorzaakt doordat Kaïn jaloers was op zijn jongere broer Abel, betreffende de zegeningen van God. Sindsdien, zijn er voortdurend ruzies en gevechten geweest tussen de broers en zussen doorheen de menselijke geschiedenis.

Jozef werd door zijn broers gehaat en verkocht als slaaf aan Egypte. Davids zoon, Absalom, liet één van zijn mannen, zijn eigen broer Ammon doden. Vandaag de dag, vechten er zovele broers en zussen met elkaar over de geld erfenis van hun ouders. Ze worden zelfs vijanden van elkaar.

Ondanks dat het niet zo ernstig is als hierboven werd vermeld, wanneer iemand trouwt en zijn eigen gezin begint, zijn ze niet in staat om nog zoveel aandacht als voorheen te besteden aan hun broers en zussen. Ik werd geboren als de laatste zoon onder zes broers en zussen. Ik was geliefd door mijn oudere broers en zussen, maar toen ik zeven jaar bedlegerig was, mede door verschillende ziekten, veranderde de situatie. Ik werd een steeds toenemendere last voor hen. Ze probeerden mijn ziekte te genezen tot enige mate, maar toen het erop leek dat er geen hoop meer was, begonnen ze mij de rug toe te keren.

Liefde onder buren

Koreaanse mensen hebben een uitdrukking die betekent "buren, neven." Het betekent dat onze buren net zo dichtbij zijn als onze familieleden. Toen de meeste mensen nog boeren waren in het verleden, waren de buren heel kostbaar, en ze hielpen elkaar. Maar deze uitdrukking wordt steeds meer en meer onwaar. Hedendaags, houden mensen hun deuren dicht en gesloten, zelfs voor hun buren. We gebruiken zelfs zware beveiligingssystemen. Mensen weten zelfs niet meer wie er naast hen wonen.

Ze zorgen niet voor elkaar en ze hebben niet de intentie om te ontdekken wie hun buren zijn. Ze hebben alleen maar consideratie met zichzelf, en hun directe familieleden zijn ook belangrijk voor hen. Ze vertrouwen elkaar niet. Ook wanneer ze voelen dat hun buren hen enig ongemak, of schade veroorzaken, dan aarzelen zij ook geen moment om hen te boycotten of met hen te vechten. Vandaag zijn er vele mensen die buren zijn en die hen een proces aan doen voor allerlei onbenullige zaken. Er was een persoon die zijn buur die op de bovenverdieping van een appartement woonde, doodstak, omdat ze lawaai maakten.

Liefde onder vrienden

Zo, wat dan over de liefde tussen vrienden? U denkt misschien dat een bepaalde vriend altijd aan uw zijde zal zijn. Maar zelfs iemand die u als zo'n vriend beschouwd kan u verraden en u achterlaten met een gebroken hart.

In sommige gevallen, kan een persoon zijn vrienden vragen om een grote som geld te lenen of om borg te staan, omdat hij op het punt staat failliet te gaan. Als de vrienden weigeren, zegt hij dat hij door zijn vrienden is verraden, en wil hij hen nooit meer zien. Maar wie handelt er hier eigenlijk op verkeerde wijze?

Als u echt van uw vriend houdt, kunt u die vriend niet zomaar pijn doen. Als u op het punt staat om failliet te gaan, en wanneer uw vriend borg voor u wil staan, is het zeker dat uw vriend en zijn familieleden kunnen lijden vanwege u. Is het liefde om te veroorzaken dat uw vrienden door zo'n risico moeten gaan? Het is geen liefde. Maar vandaag de dag, gebeuren deze dingen redelijk veel. Bovendien, verbied het Woord van God ons om geld uit te lenen en te lenen, en zakelijke onderpanden te geven of borg te staan voor iemand. Wanneer wij ongehoorzaam zijn aan zo'n Woord van God, zal in de meeste gevallen het werk van Satan komen en zullen al degenen die erin betrokken zijn, schade ervaren.

Mijn zoon, indien gij borg zijt geworden voor uw naaste, voor een vreemde uw handslag hebt gegeven; als gij verstrikt zijt door de woorden van uw mond, gevangen zijt door de woorden van uw mond (Spreuken 6:1-2).

Behoor niet tot hen die handslag geven en zich borg stellen voor schulden (Spreuken 22:26).

Sommige mensen denken dat het wijs is om vrienden te maken op basis van wat ze van hen kunnen krijgen. Het is een feit dat het vandaag de dag heel moeilijk is om een persoon te vinden die vrijwillig zijn leven, pogingen, en geld met oprechte liefde wil geven voor zijn buren of vrienden.

Ik had vele vrienden sinds mijn kinderjaren. Maar voordat ik een gelovige in God werd, beschouwde ik getrouwheid onder vrienden als mijn leven. Ik dacht dat onze vriendschap voor eeuwig zou duren. Maar terwijl ik op mijn ziekbed was voor een lange periode, besefte ik volkomen deze liefde onder vrienden, die veranderde overeenkomstig hun eigen voordelen.

Eerst, gingen mijn vrienden op onderzoek uit naar goede dokters of goede volksremedies, en namen mij mee naar hen, maar toen ik niet genas, verlieten zij mij een voor een. Later, waren de enige vrienden die ik nog had mijn kameraden die met mij dronken en gokten. Zelfs die vrienden kwamen niet naar mij toe omdat ze van mij hielden, maar alleen maar omdat ze een plaats nodig hadden om voor een tijdje te blijven hangen. Zelfs in vleselijke liefde zeggen zij dat zij van elkaar houden, maar spoedig verandert dat.

Hoe goed zou het zijn voor ouders en kinderen, broers en zussen, vrienden en buren om niet hun eigen voordeel te zoeken en nooit hun houding te veranderen? Als dit het geval is, betekent het dat zij geestelijke liefde hebben. Maar in sommige gevallen, hebben zij deze geestelijke liefde niet, en kunnen zij in dit geen ware heiligheid vinden. Ze zoeken de liefde van hun familieleden en mensen om hen heen. Maar als ze dat blijven doen, krijgen zij alleen maar meer dorst naar liefde, alsof ze zeewater drinken om hun dorst te lessen.

Blaise Pascal zei dat er een God-vormig vacuüm is in het hart van elk mens, dat met niets van de schepping kan worden vervuld, dan alleen maar door God, de Schepper, bekend gemaakt door Jezus. We kunnen geen ware bevrediging vinden en we lijden zonder reden, totdat de ruimte wordt gevuld met Gods liefde. Betekent dit dan dat er in deze wereld geen geestelijke liefde is, die nooit veranderd? Nee, dat niet. Het is niet gebruikelijk, maar geestelijke liefde bestaat zeker. 1 Korintiërs hoofdstuk 13 vertelt ons expliciet over ware liefde.

De liefde is lankmoedig, de liefde is goedertieren, zij is niet afgunstig, de liefde praalt niet, zij is niet opgeblazen, zij kwetst niemands gevoel, zij zoekt zichzelf niet, zij wordt niet verbitterd, zij rekent het kwade niet toe. Zij is niet blijde over ongerechtigheid, maar zij is blijde met de waarheid. Alles bedekt zij, alles gelooft zij, alles hoopt zij, alles verdraagt zij (1 Korintiërs 13:4-7).

God noemt dit soort liefde geestelijke en ware liefde. Als wij de liefde Gods kennen en worden veranderd met de waarheid, kunnen wij geestelijke liefde hebben. Laat ons geestelijke liefde hebben waarmee wij elkaar lief kunnen hebben met heel ons hart en een onveranderlijke houding, zelfs als het ons geen voordeel, maar schade brengt.

Manieren om geestelijke liefde te onderzoeken

Er zijn mensen die abusievelijk geloven dat ze God liefhebben. Om te onderzoeken in welke mate wij de ware geestelijke liefde en de liefde van God hebben ontwikkeld, kunnen wij onze emoties en handelingen onderzoeken die wij hebben wanneer wij door zuiverende beproevingen, moeilijkheden en testen gaan. We kunnen onszelf onderzoeken tot welke mate wij ware liefde hebben ontwikkeld, door te kijken of we ons echt verblijden en dankbaar zijn vanuit het diepst van ons hart en of we wel of niet voortdurend de wil van God volgen.

Wanneer wij klagen en kwaad zijn over de situatie en wanneer wij wereldse methodes zoeken en op mensen steunen, betekent dat dat wij geen geestelijke liefde hebben. Het bewijst enkel onze kennis van God, niet de kennis die wij in onze harten hebben geplaatst en ontwikkeld. Net zoals een vals geldbiljet lijkt op echt geld, en eigenlijk toch slechts een stuk papier is, is de liefde die we enkel hebben als kennis geen echte liefde. Het heeft geen enkele waarde. Wanneer onze liefde voor de Here niet verandert en we op God vertrouwen in elke situatie en in elke moeilijkheid, dan kunnen we zeggen dat de ware liefde die we hebben, geestelijke liefde is.

"Zo blijven dan: Geloof, hoop en liefde,

deze drie, maar de meeste van deze is de liefde."

1 Korintiërs 13:13

Deel 2
Liefde als in het liefdeshoofdstuk

Hoofdstuk 1 : De soort van liefde die God verlangt

Hoofdstuk 2 : De kenmerken van liefde

Hoofdstuk 3 : De volmaakte liefde

De soort van liefde die God verlangt

*"Al ware het, dat ik met de tongen der mensen en der engelen sprak,
maar had de liefde niet,
ik ware schallend koper of een rinkelende cimbaal.
Al ware het, dat ik profetische gaven had,
en alle geheimenissen en alles, wat te weten is, wist,
en al het geloof had, zodat ik bergen verzette,
maar ik had de liefde niet, ik ware niets.
Al ware het, dat ik al wat ik heb tot spijs uitdeelde,
en al ware het, dat ik mijn lichaam gaf om te worden verbrand,
maar had de liefde niet, het baatte mij niets."*

1 Korintiërs 13:1-3

Het volgende is een gebeurtenis die plaats vond in een weeshuis in Zuid-Afrika. De kinderen werden één voor één in toenemende mate ziek, en het aantal nam ook toe. Maar ze konden geen specifieke oorzaak voor hun ziekte vinden. Het weeshuis nodigde bekende dokters uit om hen te onderzoeken. Na een volledig onderzoek, zeiden de dokters, "Terwijl ze wakker zijn, omarm de kinderen en geef hen gedurende tien minuten liefde."

Tot hun verbazing, begon hun ziekte zonder oorzaak te verdwijnen. Het kwam vanwege de warme liefde die de kinderen meer nodig hadden dan iets anders. Ondanks dat we ons geen zorgen hoeven te maken over onze levensuitgaven, en wij in overvloed leven, kunnen wij zonder liefde niet de hoop of wil hebben om te leven Er kan gezegd worden dat liefde, de belangrijkste factor is in ons leven.

De belangrijkheid van geestelijke liefde

Het dertiende hoofdstuk van 1 Korintiërs, welke het hoofdstuk van de liefde wordt genoemd, legt eerst de nadruk op de belangrijkheid van liefde voordat het eigenlijk de geestelijke liefde tot in detail uitlegt. Dat komt omdat wanneer wij spreken met tongen van mensen of van engelen, maar de liefde niet hebben, we worden als schallend koper of een rinkelend cimbaal.

De "tongen van mensen" verwijst hier niet naar het spreken in tongen als één van de gaven van de Heilige Geest. Het verwijst naar alle talen van mensen die op de aarde leven zoals Engels, Japannees, Frans, Russisch, etc. Beschaving en kennis zijn stelselmatig geworden en doorgegeven door talen, en dus kunnen we zeggen dat de kracht van de taal echt groot is. Met de taal kunnen wij ons ook uitdrukken en onze emoties en gedachten laten zien, zodat we de harten van vele mensen kunnen overtuigen of aanraken. De tongen van mensen hebben de kracht om mensen te bewegen en de kracht om vele dingen te bereiken.

De "tongen van engelen" verwijst hier naar mooie woorden. Engelen zijn geestelijke wezens en ze vertegenwoordigen "schoonheid." Wanneer sommige andere mensen mooie woorden spreken met mooie stemmen, beschrijven mensen hen als zijnde engelachtig. Maar God zegt dat zelfs de welsprekende woorden van mensen of mooie woorden als engelen, gelijken op het geluid van een koperen cimbaal en een schallend koper als het zonder liefde is (1 Korintiërs 13:1).

In feite maakt een zwaar, stevig stuk ijzer of koper niet zo'n hard geluid als het wordt geraakt. Wanneer een stuk koper een hard geluid maakt, betekent het dat het hol is vanbinnen of dat het heel dun en licht is. Cimbalen maken een hard geluid omdat ze gemaakt zijn van een dun stuk koper. Het is ook zo met mensen. We kunnen alleen waardevol vergeleken worden met graan, met een volle graankorrel, wanneer we ware zonen en dochters van God worden door onze harten te vullen met liefde. In tegenstelling, zijn degenen die geen liefde hebben als de lege graankorrel. Waarom is dat zo?

1 Johannes 4:7-8 zegt, *"Geliefden, laten wij elkander liefhebben, want de liefde is uit God; en een ieder, die liefheeft, is uit God geboren en kent God. Wie niet liefheeft, kent God*

niet, want God is liefde." Dit wil zeggen, dat degenen die de liefde niet hebben niets met God hebben te maken, en ze enkel gelijken op het kaf dat geen graan heeft.

De woorden van zo'n mensen zijn niet waardevol, zelfs niet wanneer zij welbespraakt en mooi zijn, want ze kunnen geen echte liefde of leven geven aan anderen. Maar ze veroorzaken alleen maar ongemak aan andere mensen zoals een rinkelend cimbaal of schallend koper, want ze zijn licht en leeg vanbinnen. Aan de andere kant, hebben de woorden die liefde bevatten een ontzagwekkende kracht die leven geven. We kunnen zo'n bewijs terugvinden in het leven van Jezus.

Gegronde liefde geeft leven

Op een dag terwijl Jezus aan het onderwijzen was in de Tempel, brachten de Schriftgeleerden en de Farizeeërs een vrouw voor Hem. Ze was betrapt op het plegen van overspel. Er was zelfs geen greintje medelijden te vinden in de ogen van die Schriftgeleerden en Farizeeërs, die de vrouw daar brachten.

Ze zeiden tot Jezus, *'Meester, deze vrouw is op heterdaad betrapt bij het plegen van overspel; en in de wet heeft Mozes ons bevolen zulken te stenigen; Gij dan, wat zegt Gij?"* (Johannes 8:4-5).

De wet in Israël is het Woord en de Wet van God. Het heeft een clausule dat zegt dat overspeligen ter dood moeten worden gestenigd. Als Jezus had gezegd dat ze haar moesten stenigen overeenkomstig de wet, betekende dat Hij Zijn eigen woorden tegensprak, want Hij onderwees de mensen dat ze zelfs hun vijanden moesten liefhebben. Als Hij zei dat Hij haar vergaf, was dat duidelijk in overtreding met de Wet. Het was om op te staan tegen het Woord van God.

De Schriftgeleerden en Farizeeërs waren trots op zichzelf, denkende dat ze nu een kans hadden om Jezus neer te halen. Kennende hun harten, boog Jezus zich voorover en schreef iets met Zijn vinger in de grond. Toen stond Hij op en zei: *"Wie van u zonder zonde is, werpe het eerst een steen naar haar"* (Johannes 8:7).

Toen Jezus Zich opnieuw neerboog en op de grond schreef met Zijn vinger, verlieten de mensen Hem één voor één, en alleen de vrouw en Jezus, Zelf bleven over. Jezus redde het leven van deze vrouw, zonder de Wet te overtreden.

Aan de buitenkant, leek hetgeen de Schriftgeleerden en de Farizeeërs zeiden niet verkeerd te zijn, omdat ze eenvoudigweg de Wet van God spraken. Maar het motief achter hun woorden was heel anders dan dat van Jezus. Ze probeerden anderen te beschadigen, terwijl Jezus probeerde om de zielen te redden.

Wanneer wij dit soort van hart van Jezus hebben, zullen wij bidden denkende over wat voor soort woorden kracht kunnen geven aan anderen en hen leiden in de waarheid. We zullen proberen om leven te geven met elk woord dat we spreken. Sommige mensen proberen anderen te overtuigen met het Woord van God of ze proberen om het gedrag van andere mensen te corrigeren door hun tekortkomingen en fouten aan te wijzen, waarvan zij denken dat die niet goed zijn. Zelfs wanneer zo'n woorden correct zijn, kunnen ze geen verandering teweeg brengen in andere mensen of leven geven aan hen, zolang de woorden niet uit liefde worden gesproken.

Daarom zouden wij altijd onszelf moeten onderzoeken of wij spreken uit eigen-rechtvaardigheid en de denkramen van onze gedachten of onze woorden uit liefde zijn en leven geven aan anderen. Een woord dat geestelijke liefde bevat kan eerder worden ervaren als water des levens om de dorst van de zielen te lessen dan hele mooie praatjes, en ze zijn kostbare edelstenen die vreugde en troost geven aan de zielen in pijn.

Liefde met daden van zelfopoffering

Over het algemeen verwijst "profetie" naar het spreken over toekomstige gebeurtenissen. In de Bijbelse zin is het om het hart van God te ontvangen in de inspiratie van de Heilige Geest voor een specifiek doel en te spreken over toekomstige gebeurtenissen. Profeteren is niet iets wat kan worden gedaan overeenkomstig de wil van mensen. 2 Petrus 1:21 zegt, *"...want nooit is profetie voortgekomen uit de wil van een mens, maar, door de heilige Geest gedreven, hebben mensen van Godswege gesproken."* Deze gave van profetie wordt niet zomaar aan iemand gegeven. God geeft deze gave niet aan een persoon die niet volkomen geheiligd is, omdat hij dan misschien arrogant kan worden.

De "gave van profetie" zoals in het geestelijke liefdeshoofdstuk staat beschreven is niet een gift die maar aan een paar speciale mensen wordt gegeven. Het betekent dat iedereen die in Jezus Christus gelooft en in de waarheid verblijft de toekomst kan zien en vertellen. Namelijk, wanneer de Here terugkomt in de lucht, zullen de geredden worden opgenomen in de lucht en deelnemen aan het zevenjarig bruiloftsmaal, terwijl degenen die niet gered zijn zullen lijden in de Zevenjarige verdrukking op deze aarde en in de hel zullen vallen na het Grote Oordeel op de Witte Troon. Maar ondanks dat alle kinderen van God de gave van profetie hebben, om op deze manier de toekomst te spreken, hebben niet allen de geestelijke liefde. Tenslotte, wanneer zij geen geestelijke liefde hebben, zullen zij hun houdingen veranderen terwijl zij hun eigen voordeel zoeken, en daarom zal de gave van profetie hen niet veel voordeel geven. De gave op zich kan geen liefde voortbrengen of produceren.

Het "geheimenis" verwijst hier naar het geheim dat verborgen is van voor de grondlegging der wereld, welke het woord van het kruis is (1 Korintiërs 1:18). Het woord van het kruis is de voorziening voor de menselijke redding, welke gemaakt werd door God, voor het begin der tijden onder Zijn soevereiniteit. God wist dat de mensen zouden zondigen en op de weg van zonden zouden terecht komen. Om die reden heeft Hij Jezus Christus voorbereid, die de Redder zou worden, voordat de tijd begon. Totdat deze voorziening werd vervuld, hield God het verborgen. Waarom deed Hij dat? Als de weg van Redding bekend was, dan had het niet vervuld kunnen worden, vanwege de tussenkomst van de vijand duivel en satan (1 Korintiërs 2:6-8). De vijand duivel en Satan dachten dat ze in staat waren om hun autoriteit die ze van Adam hadden gekregen voor eeuwig konden behouden, als zij Jezus zouden doden. Maar het kwam omdat zij slechte mensen aanspoorden en Jezus doodden, dat de weg van redding werd geopend! Ondanks dat wij zo'n groot geheimenis kennen, om zo'n kennis te hebben geeft ons geen enkel voordeel als wij geen geestelijke liefde hebben.

Het is hetzelfde met kennis. Hier verwijst de term "alle kennis" niet naar academisch kennen. Het verwijst naar de kennis van God en de waarheid van de 66 boeken van de Bijbel. Eens wij weten over God door de Bijbel, zouden wij Hem ook moeten ontmoeten en uit eerste hand ervaren en Hem geloven vanuit onze harten. Anders zal de kennis van het Woord van God alleen maar een stuk kennis zijn in ons hoofd. We kunnen zelfs de kennis gebruiken op een onaangename manier, bijvoorbeeld, in het oordelen en veroordelen van anderen. Daarom geeft kennis zonder geestelijke liefde ons geen enkel voordeel.

Wat als wij zo'n groot geloof hebben dat het mogelijk is om een berg te verplaatsen? Groot geloof hebben betekent nog niet dat er grote liefde is. Waarom, passen de maten van geloof en liefde dan niet precies bij elkaar? Geloof kan groeien door het zien van tekenen en wonderen en de werken van God. Petrus zag vele tekenen en wonderen die door Jezus werden verricht en om die reden kon hij ook, ondanks dat het maar voor een ogenblik was, op het water wandelen toen Jezus op het water wandelde. Maar op dat moment had Petrus nog niet de geestelijke liefde, omdat hij nog niet de Heilige Geest had ontvangen. Hij had ook nog niet zijn hart besneden door de zonden te verwijderen. Dus toen zijn leven later werd bedreigd, verloochende hij Jezus drie keer.

We kunnen begrijpen waarom ons geloof kan groeien door ervaring, maar geestelijke liefde komt alleen in onze harten wanneer we pogingen ondernemen, ons toewijden en offeren om de zonden te verwerpen. Maar dat betekent niet dat er geen directe relatie is tussen geestelijk geloof en liefde. We kunnen proberen om de zonden te verwerpen en we kunnen proberen om God en de zielen lief te hebben, omdat we geloof hebben. Maar zonder werken om eigenlijk op de Heer te gelijken en echte liefde te ontwikkelen, zal ons werk voor Gods koninkrijk niets te maken hebben met God, ongeacht hoe getrouw we proberen te zijn. Het zal zijn net zoals Jezus zei, *"En dan zal Ik hun openlijk zeggen: Ik heb u nooit gekend; gaat weg van Mij, gij werkers der wetteloosheid"* (Matteüs 7:23).

Liefde dat hemelse beloningen brengt

Normaal gesproken tegen het einde van het jaar, doneren vele organisaties en individuen geld aan de uitzenders of kranten om de mensen in nood te helpen. Wat nu als hun namen niet worden vermeld door de uitzender of krant? De kans bestaat dat niet vele individuen en bedrijven zullen zijn die toch nog een donatie geven.

Jezus zei in Matteüs 6:1-2, *"Ziet toe, dat gij uw gerechtigheid niet doet voor de mensen, om door hen opgemerkt te worden; want dan hebt gij geen loon bij uw Vader, die in de hemelen is. Wanneer gij dan aalmoezen geeft, laat het niet voor u uitbazuinen, zoals de huichelaars doen in de synagogen en op de straten, om door de mensen geroemd te worden. Voorwaar, Ik zeg u, zij hebben hun loon reeds."* Wanneer wij anderen helpen om eer te verkrijgen van mensen, dan worden we misschien voor een ogenblik geëerd, maar we zullen geen beloning van God ontvangen.

Dit geven is enkel voor zelfbevrediging of om erover op te scheppen. Wanneer een persoon een liefdadigheidswerk doet als een formaliteit, dan zal zijn hart meer en meer worden verhoogd als hij toenemend lof ontvangt. Wanneer God dit soort van persoon zegent, kan hij zichzelf als geschikt voelen in de ogen van God. Als zijn hart dan niet is besneden, is het enkel schadelijk voor hem. Als u liefdadigheidswerk doet met liefde voor uw buren, dan maakt het u niet uit of u nu wel of geen erkenning van mensen krijgt. Dat komt omdat u gelooft in God de Vader die alles ziet wat u in het verborgen doet en u daarvoor zal belonen (Matteüs 6:3-4).

Liefdadigheidswerken in de Heer zijn niet alleen maar het voorzien in de basis noden zoals kleding, voedsel of huisvesting. Het is meer het voorzien van geestelijk brood om de ziel te redden. Vandaag, of ze nu gelovigen zijn in de Here of niet, zeggen vele mensen dat de rol van de kerk het helpen is van de zieken, de verworpenen en de armen. Het is natuurlijk niet verkeerd, maar het is de eerste plicht van de kerk om het evangelie te verkondigen en zielen te redden, zodat zij geestelijke vrede kunnen verkrijgen. Het ultieme doel van liefdadigheidswerken is terug te vinden in deze doelen.

Daarom, wanneer wij anderen helpen, is het heel belangrijk om het gepaste liefdadigheidswerk te doen door de leiding van de Heilige Geest te ontvangen. Als er ongepaste hulp wordt gegeven aan een bepaald persoon, dan kan het gemakkelijker worden voor die persoon om hemzelf nog verder van God te verwijderen. In het ergste geval, kan het hem zelfs brengen tot het pad van de dood. Bijvoorbeeld, wanneer wij degenen helpen die arm zijn vanwege buitensporig drinken of gokken, of degene die in moeilijkheden zijn omdat ze tegen de wil van God zijn opgekomen, dan zal de hulp er alleen maar voor zorgen dat ze nog verder gaan op de verkeerde weg. Het betekent natuurlijk niet dat we degenen die niet gelovig zijn niet moeten helpen. We zouden de ongelovigen moeten helpen door hen de liefde van God te brengen. We moeten hoe dan ook niet vergeten dat het hoofddoel van liefdadigheidswerk, het verspreiden van het evangelie is.

In het geval van nieuwe gelovigen die een zwak geloof hebben, is het noodzakelijk dat we hen versterken totdat ze zijn opgegroeid in hun geloof. Soms zelfs onder degenen die geloof hebben, zijn er sommigen die aangeboren ziekten of kwalen hebben en anderen die een ongeval hebben gehad en dus niet voor zichzelf kunnen zorgen. Er zijn ook oudere bewoners die alleen wonen of kinderen die het huishouden moeten ondersteunen vanwege de afwezigheid van ouders. Deze mensen hebben misschien wel wanhopig liefdadigheidswerken nodig. Wanneer we deze mensen helpen, die werkelijk in nood zijn, zal God onze ziel voorspoedig maken en alle dingen zullen goed gaan met ons.

In Handelingen hoofdstuk 10, is Cornelius een persoon die zegen ontving. Cornelius vreesde God en hielp de Joodse mensen in hun lot. Hij was een honderdman, een officier in hoge rang van het leger dat over Israël heerste. De Joden moeten wel heel achterdochtig geweest zijn over wat hij deed en zijn collega's waren misschien ook wel kritisch over datgene wat hij deed. Maar, omdat hij God vreesde, stopte hij niet met zijn goede werken en liefdadigheid. God zag al zijn daden en zond Petrus naar zijn gezin zodat niet alleen zijn naaste familie redding zou ontvangen, maar alle mensen die bij hem in huis waren de Heilige Geest en redding zouden ontvangen.

Het zijn niet alleen de liefdadigheidswerken die moeten worden gedaan met geestelijke liefde, maar ook de offers aan God. In Marcus 12, lezen we over een weduwe die God prees met een offer wat ze bracht met heel haar hart. Ze gaf slechts twee koperen muntjes, wat alles was, wat ze nog had. Waarom dan, prees Jezus haar? Matteüs 6:21 zegt, *"...Want, waar uw schat is, daar zal ook uw hart zijn."* Zoals gezegd, toen de weduwe al haar levensvoorzieningen gaf, wat betekent dat haar hele hart voor God was. Het was een uitdrukking van haar liefde voor God. In tegenstelling tot degene die met tegenzin offeren of met een bewuste houding of mening van andere mensen, wat God niet welgevallig is. Als gevolg, heeft zo'n offer geen voordeel aan de gever.

Laat ons nu spreken over zelfopoffering. Om "uw lichaam te geven om te worden verbrand" betekent hier "om uzelf volkomen te offeren." Meestal worden offers gemaakt uit liefde, maar ze kunnen ook worden gebracht uit lege liefde. Wat zijn dan de offers die gebracht zijn zonder liefde?

Om te klagen over verschillende dingen nadat u het werk van God hebt gedaan, is een voorbeeld van een offer zonder liefde. Het is wanneer u al uw kracht, tijd en geld hebt gegeven aan de werken van God, maar niemand die het erkend en er eer voor geeft, en dan vindt u het jammer en klaagt erover. Het is wanneer u, uw mede arbeider ziet en voelt dat ze niet zo ijverig zijn als u ondanks dat ze beweren van God en de Here te houden. U zegt misschien wel in uzelf dat ze lui zijn. Op het einde is het alleen nog maar uw oordeel en veroordeling naar hen toe. Deze houding laat in het verborgen het verlangen binnensluipen dat uw verdiensten worden geopenbaard aan anderen, zodat u door hen kan worden geëerd en kan roemen met arrogantie over uw getrouwheid. Dit soort van offer kan de vrede onder mensen vernietigen en laat het hart van God breken. Dat is hoe een offer zonder liefde geen voordeel brengt.

U klaagt misschien niet hoorbaar met woorden. Maar wanneer niemand uw getrouwe werk erkend, wordt u ontmoedigd en denkt u dat u niets bent en uw ijver voor de Here wordt koud. Wanneer iemand fouten en zwakke punten aanwijst in de werken die wij hebben gedaan, met al onze kracht, en die zelfs werden gedaan tot het punt van het opofferen van zelf, verliest u misschien de moed en beschuldigd degenen die u bekritiseren. Wanneer iemand meer vrucht draagt dan u, en wordt geprezen en leuk gevonden wordt door anderen, wordt u jaloers en na-ijverig op hem. Dan, ongeacht hoe getrouw of vurig u bent geweest, u kunt geen echte vreugde verkrijgen binnen in u. Misschien zult u zelfs opgeven aan uw plichten.

Er zijn ook sommigen die alleen maar vurig zijn, wanneer anderen naar hen kijken. Wanneer zij niet door anderen worden gezien of niet langer worden opgemerkt, worden zij lui en doen hun werk ongeorganiseerd of ongepast. Ze proberen eerder alleen maar goed zichtbaar werk voor anderen te verrichten, dan de werken die niet zo zichtbaar zijn te doen. Dat komt omdat zij het verlangen hebben om zichzelf aan ouderen te laten zien en vele anderen en om door hen te worden geprezen.

Dus, wanneer een persoon geloof heeft, hoe kan hij dan zelfopofferend geven, zonder liefde? Dat komt omdat er een gebrek aan geestelijke liefde is. Ze hebben gebrek aan een gevoel van eigendomsrecht, gelovende in hun hart, dat hetgeen van God is ook van hen is en wat van hen is ook van God is.

Bijvoorbeeld, vergelijk de situaties waarin een boer in zijn eigen veld werkt en een boer die in een ander zijn veld werkt voor een arbeidsloon. Wanneer een boer in zijn eigen veld werkt, dan arbeid hij van 's morgens tot 's avonds laat. Hij slaat geen enkele taak over en hij doet al zijn werk zonder falen. Maar wanneer een ingehuurde boer in een veld werkt dat tot een ander behoort, dan gebruikt hij niet al zijn energie om het werk te doen, maar in plaats daarvan verlangt hij dat de zon snel ondergaat, zodat hij zijn loon kan ontvangen en naar huis kan gaan. Hetzelfde principe wordt toegepast in het koninkrijk van God. Wanneer mensen niet de liefde van God in hun harten hebben, dan zullen zij oppervlakkig voor Hem werken, zoals ingehuurde handen, die alleen maar loon willen ontvangen. Ze zullen kreunen en klagen wanneer zij niet het loon ontvangen dat zij hadden verwacht.

Dat is de reden waarom Kolossenzen 3:23-24 zegt, *"Wat gij ook doet, verricht uw werk van harte, als voor de Here en niet voor mensen; gij weet toch, dat gij van de Here tot vergelding de erfenis zult ontvangen. Gij dient Christus als heer."* Anderen helpen en uzelf opofferen zonder geestelijke liefde heeft niets met God te maken, wat betekent dat we geen enkele beloning van God kunnen ontvangen (Matteüs 6:2).

Wanneer wij willen offeren met een echt hart, moeten wij

geestelijke liefde in ons hart bezitten. Wanneer ons hart gevuld is met echte liefde, kunnen wij verder gaan om ons leven toe te wijden aan de Here met alles wat we hebben, of we nu wel of niet door anderen worden erkend. Net zoals een kaars wordt aangestoken en in de duisternis schijnt, kunnen wij alles overgeven wat we bezitten. In het Oude Testament, toen de priesters een dier doodden om te offeren aan God als een verzoenoffer, vergoten zij het bloed en verbranden het vet ervan in het vuur van het altaar. Onze Heer Jezus, werd net zoals het dier als een verzoenoffer geofferd voor onze zonden, terwijl Hij de laatste druppel van Zijn bloed en water liet vloeien om alle mensen van hun zonden te verlossen. Hij toonde ons een voorbeeld van een echt offer.

Waarom was Zijn offer zo effectief om vele zielen te winnen tot redding? Dat is omdat Zijn offer gemaakt was uit volmaakte liefde. Jezus volbracht de wil van God tot het punt van de opoffering van Zijn leven. Hij offerde een voorbede gebed voor de zielen, zelfs op het laatste moment van Zijn kruisiging (Lucas 23:34). Want door dit echte offer, heeft God Hem verhoogd en de meest glorieuze plaats in de Hemel gegeven.

Dus, Filippenzen 2:9-10 zegt, *"Daarom heeft God Hem ook uitermate verhoogd en Hem de naam boven alle naam geschonken, opdat in de naam van Jezus zich alle knie zou buigen van hen, die in de hemel en die op de aarde en die onder de aarde zijn."*

Wanneer wij alle hebzucht en onreine verlangens verwerpen en onszelf offeren met een zuiver hart zoals Jezus, zal God ons verhogen en ons leiden tot hogere posities. Onze Heer belooft in

Matteüs 5:8, *"Zalig de reinen van hart, want zij zullen God zien."* Zo zullen wij de zegen van God ontvangen om in staat te zijn om God van aangezicht tot aangezicht te zien.

Liefde die boven gerechtigheid gaat

Pastor Yang Won Sohn wordt de "kernbom van liefde" genoemd. Hij liet een voorbeeld zien van het offer gemaakt uit echte liefde. Hij zorgde voor de melaatsen met al zijn kracht. Hij werd ook in de gevangenis gezet omdat hij weigerde te aanbidden in het heiligdom tijdens de Japanse oorlog, onder de Japanse wet in Korea. Ondanks zijn toegewijde werk van God, moest hij het schokkende nieuws horen. In oktober 1948, werden twee van zijn zonen vermoord door radicale soldaten als een rebellie tegen de heersende autoriteiten.

Normale mensen zouden tegen God klagen, zeggende, "Als God leeft, hoe kan Hij mij dit aandoen?" Maar hij gaf enkel dank dat zijn zonen martelaren waren en nu in de Hemel waren, aan de kant van de Here. Hij vergaf bovendien de rebel die zijn twee zonen had vermoord en adopteerde hem zelfs als zijn zoon. Hij gaf in negen aspecten dank aan God tijdens de begrafenis van zijn zonen, welke zo diep de harten van vele mensen heeft aangeraakt.

"Ten eerste, geef ik dank voor mijn zonen die martelaren zijn geworden, ondanks dat ze geboren zijn uit mijn bloedlijn, want ik ben vol van ongerechtigheid.

Ten tweede, geef ik dank dat God mij deze kostbare

mensen heeft gegeven om mijn familie te zijn, onder de vele gelovige families.

Ten derde, geef ik dank dat mijn eerste en tweede zoon beiden werden geofferd, welke de mooiste waren onder mijn drie zonen en drie dochters.

Ten vierde, is het moeilijk voor een zoon om martelaar te worden, maar voor mij om twee zonen te hebben als martelaar, geef ik dank.

Ten vijfde, is het een zegen om in vrede met geloof te sterven in de Here Jezus, en ik ben dankbaar dat zij de heerlijkheid van het martelaarschap hebben ontvangen door een schot en gedood werden tijdens het verkondigen van het evangelie.

Ten zesde, ze waren voorbereidt om naar de Verenigde Staten te gaan om te studeren, maar nu zijn ze naar het koninkrijk van de Hemel gegaan, welke een veel betere plaats is dan de Verenigde Staten. Ik ben opgelucht en ben dankbaar.

Ten zevende, geef ik dank aan God, die mij in staat stelde om de vijand, die mijn zonen vermoordde te adopteren als mijn pleegzoon.

Ten achtste, geef ik dank, omdat ik geloof dat er overvloedige vrucht van de Hemel zal zijn, door het martelaarschap van mijn twee zonen.

Ten negende, geef ik dank aan God die mij Gods liefde heeft laten beseffen, zodat ik in staat ben om mij te verblijden, zelfs in dit soort van moeilijkheid."

Om voor de zieke mensen te zorgen, evacueerde Pastor Yang Won Sohn zelfs niet tijdens de Koreaanse oorlog. Hij werd uiteindelijk ook een martelaar door de communistische soldaten. Hij zorgde voor de zieke mensen, die volkomen genegeerd werden door anderen, en in goedheid behandelde hij zijn vijand die zijn zonen had vermoord. Hij was in staat om zichzelf te offeren zoals hij dat deed, omdat hij vol was van de echte liefde van God en voor andere zielen.

In Kolossenzen 3:14 zegt God tegen ons, *"En doet bij dit alles de liefde aan, als de band der volmaaktheid."* Zelfs wanneer wij mooie woorden als engelen spreken en de mogelijkheid hebben om te profeteren en het geloof om bergen te verzetten, en onszelf op te offeren voor degenen die in nood zijn, zijn de daden niet volmaakt in de ogen van God, zolang het niet wordt gedaan uit echte liefde. Laat ons nu, eens wat dieper kijken naar elke betekenis die de echte liefde inhoud, om in de onbeperkte dimensie van de liefde van God te komen.

HOOFDSTUK 2

De kenmerken van liefde

"De liefde is lankmoedig, de liefde is goedertieren,
zij is niet afgunstig, de liefde praalt niet, zij is niet opgeblazen,
zij kwetst niemands gevoel, zij zoekt zichzelf niet,
zij wordt niet verbitterd, zij rekent het kwade niet toe.
Zij is niet blijde over ongerechtigheid,
maar zij is blijde met de waarheid.
Alles bedekt zij, alles gelooft zij, alles hoopt zij,
alles verdraagt zij."

1 Korintiërs 13:4-7

In Matteüs 24, kunnen we een voorstelling zien waarin Jezus weeklagend keek naar Jeruzalem, wetende dat Zijn tijd nabij was. Hij moest aan het kruis hangen in de voorziening van God, maar toen Hij aan de ramp dacht die over de joden en Jeruzalem zou komen, kon Hij niets anders doen dan weeklagen. De discipelen waren verbaasd waarom en stelden Hem een vraag: *"Zeg ons wanneer zal dat geschieden, en wat is het teken van uw komst en van de voleinding der wereld?"* (v. 3).

Dus Jezus vertelde hen over de vele tekenen en jammerend zei Hij dat de liefde zou verkillen: *"Omdat de wetsverachting toeneemt, zal de liefde van de meesten verkillen"* (v. 12).

Vandaag kunnen we zeker voelen dat de liefde van de mensen verkild. Vele mensen zoeken liefde, maar ze weten niet wat ware liefde, namelijk geestelijke liefde is. We kunnen geen echte liefde bezitten omdat we het willen hebben. We kunnen beginnen met het verkrijgen van die liefde, wanneer de liefde van God in ons hart komt. We kunnen dan beginnen met het begrijpen wat het is en ook beginnen met het verwerpen van de zonden uit ons hart.

Romeinen 5:5 zegt, *"...en de hoop maakt niet beschaamd, omdat de liefde Gods in onze harten uitgestort is door de heilige Geest, die ons gegeven is."* Zoals gezegd, kunnen we de liefde van God volkomen voelen door de Heilige Geest in ons hart.

God vertelt ons over elk kenmerk van de geestelijke liefde in 1 Korintiërs 13:4-7. Er wordt vereist van Gods kinderen dat zij erover leren en ze uitoefenen, zodat zij boodschappers van liefde worden, die de mensen geestelijke liefde kunnen laten voelen.

1. Liefde is lankmoedig

Wanneer iemand gebrek aan lankmoedigheid heeft, onder alle andere kenmerken van geestelijke liefde, kan hij gemakkelijk anderen ontmoedigen. Veronderstel dat een leidinggevende een bepaalde taak aan iemand geeft om te doen, en die persoon voert de taak niet goed uit. Dus de leidinggevende geeft het werk snel door aan iemand anders om het af te maken. De eerste persoon die de taak gekregen had, kan zich wanhopig gaan voelen omdat hij geen twee kans heeft gekregen om het goed te maken. God heeft "lankmoedigheid" geplaatst als het eerste kenmerk van geestelijke liefde omdat het het belangrijkste basis kenmerk is om geestelijke liefde te ontwikkelen. Wanneer we liefde hebben, is wachten niet saai.

Eens wij de liefde van God beseffen, proberen wij de liefde te delen met de mensen om ons heen. Soms, wanneer we anderen op die manier proberen lief te hebben, krijgen we tegengestelde reacties van mensen die echt ons hart kunnen breken, of groot verlies of schade kunnen brengen aan ons. Dan, zien de mensen er niet meer liefelijk uit, en zullen wij niet in staat zijn om hen goed te begrijpen. Om geestelijke liefde te hebben, moeten wij lankmoedig zijn met die mensen en hen zelfs liefhebben. Zelfs wanneer ze ons lasteren, haten, of zonder reden moeilijkheden bezorgen, moeten wij ons denken beheersen om lankmoedig te zijn en hen lief te hebben.

Een gemeentelid vroeg mij eens om gebed voor zijn depressieve vrouw. Hij zei ook dat hij een dronkaard was en als hij begon met drinken, werd hij een volkomen ander mens en bezorgde hij zijn gezinsleden een moeilijke tijd. Zijn vrouw, was elke keer geduldig met hem en probeerde zijn fouten met liefde te bedekken. Maar zijn houdingen veranderden nooit, en met het voorbijgaan van de tijd werd hij een alcoholist. Zijn vrouw verloor haar levenskracht en werd overweldigd door een depressie.

Hij gaf zo'n moeilijke tijd aan zijn gezin vanwege zijn drinken, maar hij kwam ook om mijn gebed te ontvangen, omdat hij toch nog van zijn vrouw hield. Nadat ik zijn verhaal hoorde, zei ik tegen hem, "Als u echt van uw vrouw houdt, wat is er dan zo moeilijk aan om te stoppen met roken en drinken?" Hij zei niets en leek gebrek aan zelfvertrouwen te hebben. Ik vond het zo jammer voor het gezin. Ik bad voor zijn vrouw dat ze genezen zou worden van de depressie, en ik bad voor hem dat hij kracht zou ontvangen om te stoppen met roken en drinken. Gods kracht was ontzagwekkend. Hij was in staat om te stoppen met denken aan drinken net nadat hij het gebed had ontvangen. Daarvoor was het absoluut onmogelijk voor hem om te stoppen met drinken, maar hij stopte gelijk na het gebed te hebben ontvangen. Zijn vrouw werd ook genezen van depressie.

Lankmoedig zijn is het begin van geestelijke liefde

Om geestelijke liefde te ontwikkelen, hebben we lankmoedigheid nodig met anderen in elk soort van situatie. Lijdt u ongemak in uw doorzettingsvermogen? Of zoals in het geval van de vrouw in het verhaal, wordt u ontmoedigd als u gedurende een lange periode lankmoedig bent geweest, en de situatie toch niet lijkt te verbeteren? Voordat we dan de schuld bij de situatie of andere mensen neerleggen, moeten wij ons hart eerst onderzoeken. Als wij de waarheid volkomen in ons hart hebben ontwikkeld, is er geen enkele situatie waarbij wij niet lankmoedig kunnen zijn. Dat wil zeggen, als wij niet geduldig kunnen zijn, betekent dat dat er nog zonden in ons hart is, welke de leugen is, en tot die mate hebben wij gebrek aan lankmoedigheid.

Om lankmoedig te zijn betekent dat wij lankmoedig zijn met onszelf, in alle moeilijkheden die we tegenkomen, wanneer wij proberen om echte liefde te laten zien. Er kunnen moeilijke situaties zijn wanneer wij proberen om iedereen lief te hebben in gehoorzaamheid aan het Woord van God, en het is de lankmoedigheid van geestelijke liefde om lankmoedig te zijn in al die situaties.

Deze lankmoedigheid is anders als de lankmoedigheid van de negen vruchten van de Heilige Geest in Galaten 5:22-23. Hoe is het dan anders? De "lankmoedigheid" die een van de vruchten van de Heilige Geest is, spoort ons aan om lankmoedig te zijn in alle dingen van het koninkrijk en de gerechtigheid van God,

Lankmoedigheid als één van de negen vruchten van de Heilige Geest	1. Het is om alle leugens te verwerpen en het hart met de waarheid te ontwikkelen 2. Het is om anderen te begrijpen, hun voordeel te zoeken, en vrede met hen te hebben 3. Het is om antwoorden op gebeden, redding, en de dingen die God heeft beloofd, te ontvangen

terwijl de lankmoedigheid uit de geestelijke liefde, lankmoedigheid is om geestelijke liefde te ontwikkelen, en het heeft dus een bekrompenere en meer specifieke betekenis. We kunnen zeggen dat het behoort binnen de lankmoedigheid als een van de negen vruchten van de Heilige Geest.

Vandaag de dag, beginnen mensen heel gemakkelijk een rechtszaak tegen anderen, voor het veroorzaken van een klein beetje schade aan hun eigendom of welzijn. Er is een vloed van rechtszaken onder mensen. Vele keren vervolgen ze zelfs hun eigen vrouw of man, of zelfs hun eigen ouders of kinderen. Wanneer u lankmoedig bent met anderen, kunnen mensen zelfs met u spotten dat u een dwaas bent. Maar wat zegt Jezus hierover?

Het zegt in Matteüs 5:39, *"Maar Ik zeg u, de boze niet te weerstaan, doch wie u een slag geeft op de rechterwang, keer hem ook de andere toe;"* en in Matteüs 5:40, *"en wil iemand met u rechten en uw hemd nemen, laat hem ook uw mantel."*

Jezus vertelt ons niet alleen om het kwade met het kwade te vergelden, maar om lankmoedig te zijn. We denken misschien, "Hoe kunnen we nu goed handelen wanneer we boos en gekwetst zijn?" Als wij geloof en liefde hebben, dan zijn wij zeker in staat om dat te doen. Het is het geloof in de liefde van God die ons Zijn eniggeboren Zoon gaf als een verzoening voor onze zonden. Wanneer wij geloven dat wij dit soort liefde hebben ontvangen, dan kunnen wij zelfs de mensen vergeven die ons groot lijden hebben bezorgd en ons schade hebben berokkend. Als wij God liefhebben, die ons heeft liefgehad tot op het punt van het geven van Zijn eniggeboren Zoon voor ons, en als we de Here liefhebben die Zijn leven voor ons gaf, zullen wij ook in staat zijn om iedereen lief te hebben.

Lankmoedigheid zonder beperkingen

Sommige mensen onderdrukken hun haat, boosheid of temperament en andere negatieve emoties totdat ze het limiet bereiken van hun geduld en uiteindelijk exploderen. Sommige introverte mensen kunnen zichzelf niet zo goed uitdrukken, maar lijden in hun harten, en dit leidt tot onaangename gezondheidstoestanden, die worden veroorzaakt door buitengewone stress. Zo'n geduld is net als het persen van een metalen veer met uw handen. Wanneer u uw handen wegneemt, dan zal het wegspringen.

Het soort van lankmoedigheid dat God wil dat wij hebben is de lankmoedigheid tot het einde zonder verandering van houding. Om nauwkeuriger te zijn, wanneer we dit soort van lankmoedigheid hebben, zouden we zelfs geen lankmoedigheid nodig hebben met iets. We zouden geen haat en wrevel opstapelen in onze harten, maar de oorspronkelijke zondige natuur verwijderen die zulke harde gevoelens veroorzaakten en veranderen in liefde en bewogenheid. Dit is de essentie van de geestelijke betekenis van lankmoedigheid. Wanneer wij geen boosheid in ons hart hebben, maar alleen de volkomen geestelijke liefde, is het niet moeilijk voor ons om zelfs onze vijanden lief te hebben. In feite, zullen wij geen enkele vijandigheid toestaan om zich in de eerste plaats te ontwikkelen.

Wanneer ons hart vol van haat, ruzie, na-ijver, en jaloezie is, zullen wij in eerste instantie de negatieve punten in andere mensen zien, ondanks dat ze eigenlijk wel goedhartig zijn. Het is als het dragen van een zonnebril, alles ziet dan donkerder. Aan de andere kant, wanneer onze harten echt vol van liefde zijn, dan zullen de mensen die slecht handelen er nog steeds liefelijk uitzien. Ongeacht het gebrek, de tekortkomingen, fouten of zwakheden die zij hebben, kunnen we hen niet haten. Zelfs wanneer zij ons haten, en slecht behandelen, zullen wij hen daarom niet haten.

Lankmoedigheid is ook in het hart van Jezus, die "het geknakte riet niet breekt en de walmende vlaspit niet dooft." Het is in het hart van Stefanus die zelfs bad voor degenen die hem stenigden, zeggende *"Here, reken hen deze zonde niet toe"* (Handelingen 7:60). Ze stenigden hem terwijl hij het evangelie aan hen verkondigde. Was het moeilijk voor Jezus om zondaren lief te hebben? In geen geval! Dat kwam omdat Zijn hart de waarheid zelf is.

Op een dag stelde Petrus een vraag aan Jezus. *"Here, hoeveel maal zal mijn broeder tegen mij zondigen en moet ik hem vergeven? Tot zevenmaal toe?"* (Matteüs 18:21). Toen zei Jezus, *"Ik zeg u, niet tot zevenmaal toe, maar tot zeventig maal zevenmaal"* (v. 22).

Dat betekent niet dat we alleen maar zeventig keer zeven maal moeten vergeven, wat 490 keren is. Zeven in geestelijke zin symboliseert perfectie. Daarom, om zeventig keer zeven maal te vergeven staat voor volmaakte vergeving. We kunnen de oneindige liefde en vergeving van Jezus voelen.

Lankmoedigheid die geestelijke liefde volbrengt

Natuurlijk is het niet zo gemakkelijk om onze haat ineens te veranderen in liefde. We moeten gedurende een lange tijd lankmoedigheid hebben, zonder ophouden. Efeziërs 4:26 zegt, *"Word boos, maar zondig niet; laat de zon niet ondergaan over uw boosheid."*

Hier zegt het Woord "word boos" om degenen aan te pakken die een zwak geloof hebben. God zegt die mensen dat ondanks dat ze boos worden, mede door een gebrek aan geloof, zij de boosheid niet moeten koesteren tot zonsondergang, wat wil zeggen "voor een lange tijd", maar enkel die gevoelens weg laten gaan. Binnen ieders mate van geloof, zelfs wanneer een persoon moeilijke gevoelens heeft of boosheid opkomt in zijn hart, als hij probeert om die gevoelens te verwerpen met lankmoedigheid en volharding, kan hij zijn hart veranderen in waarheid en zal geestelijk liefde, beetje bij beetje in zijn hart groeien

Wat de zondevolle natuur betreft die zijn wortel diep in het hart heeft geplaatst, kan een persoon het verwerpen door vurig te bidden met de volheid van de Heilige Geest. Het is heel belangrijk dat wij proberen te kijken naar de mensen die wij niet leuk vinden en hen goede werken laten zien. Als we dat doen, zal de haat snel uit ons hart verdwijnen, en zullen wij in staat zijn om die mensen lief te hebben. We zullen geen conflicten hebben en er zal niemand zijn die wij haten. We zullen ook in staat zijn om een gelukkig leven te leven zoals in de Hemel, net zoals de Here zei, *"Want, zie, het Koninkrijk van God is binnen in u"* (Lucas 17:21).

Mensen zeggen dat het lijkt alsof zij in de Hemel zijn wanneer zij gelukkig zijn. Op gelijke wijze, verwijst het koninkrijk van de hemel is in uw midden, naar alle leugens die u uit uw hart hebt verworpen en hebt gevuld met waarheid, liefde en goedheid. Dan hebt u geen lankmoedigheid nodig, want u bent altijd gelukkig en blij en vol van genade, en omdat u iedereen om u heen lief hebt. Te meer u de zonde hebt verworpen en goedheid hebt bereikt, des te minder lankmoedigheid u nodig hebt. Zoveel als u de geestelijke liefde hebt bereikt, zult u niet lankmoedig moeten zijn in het onderdrukken van uw gevoelens; u zult in staat zijn om lankmoedig en vredevol te wachten op anderen om te veranderen met liefde.

In de Hemel zijn geen tranen, zorgen en geen pijn. Omdat er geen slechtheid is, maar enkel goedheid en liefde zijn in de Hemel, zal u ook niemand haten, boos worden of driftig zijn tegen iemand. Dus, u zult niet meer uw emoties moeten bedwingen of beheersen. Natuurlijk heeft onze God geen lankmoedigheid met ons nodig, omdat Hij de liefde zelf is. De reden dat de Bijbel zegt dat "liefde lankmoedig" is, is omdat wij als mensen een ziel en gedachten en mentale kaders hebben. God wil de mensen helpen om dat te begrijpen. Des te meer u de zonde hebt verworpen, en goedheid hebt bereikt, des te minder lankmoedigheid u nodig hebt.

De vijand omkeren tot een vriend door lankmoedigheid

Abraham Lincoln, de zestiende president van de Verenigde Staten, en Edwin Stanton, hadden geen goede reputatie toen zij advocaat waren. Stanton kwam van een rijke familie en had een goede opleiding genoten. Lincoln's vader was een arme schoenmaker en hij had zelfs de lagere school niet afgemaakt. Stanton bespotte Lincoln met harde woorden. Maar Lincoln werd nooit boos, en sprak nooit terug vanuit vijandigheid.

Nadat Lincoln was verkozen tot president, stelde hij Stanton aan als de Secretaris van Oorlog, welke een van de belangrijkste posities was binnen het kabinet. Linclon was de juiste persoon. Later toen Lincoln werd doodgeschoten, in het Ford's theater, rende iedereen voor zijn eigen leven. Maar Stanton rende gelijk naar Lincoln toe. Terwijl hij Lincoln in zijn armen hield, waren zijn ogen in tranen en zei hij, "Hier ligt de grootste man in het zicht van de wereld. Hij is de grootste leider in de geschiedenis."

De lankmoedigheid in geestelijke liefde kan echte wonderen brengen om vijanden te veranderen in vrienden. Matteüs 5:45 zegt, *"...opdat gij kinderen moogt zijn van uw Vader, die in de hemelen is; want Hij laat zijn zon opgaan over bozen en goeden en laat het regenen over rechtvaardigen en onrechtvaardigen"*

God is lankmoedig, zelfs met de mensen die het kwade doen, omdat Hij wil dat ze op een dag zullen veranderen. Wanneer wij boze mensen op een boze manier behandelen, dan betekent dat dat wij ook slecht zijn, maar als wij lankmoedig zijn en hen liefhebben door op te kijken naar God, die ons zal belonen, zullen wij later een mooie verblijfplaats ontvangen in de Hemel (Psalm 37:8-9).

2. Liefde is goedertieren

Onder de fabels van Aesop, is er een verhaal over de zon en de wind. Op een dag maakten de zon en de wind een weddenschap over wie het eerste de jas van een voorbijganger zou verwijderen. De wind begon als eerste, en blies triomfantelijk en zette een sterke wind op die de bomen bewoog. De man die voorbij liep deed zijn jas nog strakker aan. Vervolgens, gaf de zon een warme zonnestraal, met een glimlach op het gezicht. Terwijl het warm werd, voelde de man de hitte en deed snel zijn jas uit.

Dit verhaal leert ons een hele goede les. De wind probeerde met dwang de jas van de man af te krijgen, maar de zon liet de man zijn jas vrijwillig uitdoen. Goedertierenheid is iets gelijkaardigs. Goedertierenheid is om het hart van anderen aan te raken en te winnen, niet met fysieke kracht, maar met goedheid en liefde.

Goedertierenheid aanvaardt elk soort van persoon

De persoon die goedertierenheid heeft kan elk persoon aanvaarden, en vele mensen kunnen rusten aan zijn kant. Een definitie uit het woordenboek voor goedertierenheid is "de kwaliteit of status van goed zijn" en om goedertieren te zijn is om een verdraagbare natuur te hebben. Katoen maakt geen geluid, zelfs niet wanneer het een ander voorwerp raakt. Het omarmt alleen maar alle andere voorwerpen.

Een goedertieren persoon is ook als boom waar vele mensen rust onder kunnen vinden. Wanneer u onder een grote boom gaat op een hete zomerdag om de bloedhete zon te vermijden, kunt u zich veel beter en koeler voelen. Op gelijke wijze, wanneer iemand een goedertieren hart heeft, zullen vele mensen aan de zijde van die persoon willen zijn en daar willen rusten.

Normaal gesproken, wanneer een persoon zo goedertieren en zacht is, dat hij niet eens boos wordt wanneer iemand hem lastig valt, en niet vasthoudt aan zijn eigen meningen, wordt er gezegd dat hij een zachtmoedig en goedhartig persoon is. Maar ongeacht hoe mild en zachtmoedig hij is, als die goedertierenheid niet door God wordt erkend, kan hij niet beschouwd worden als zijnde echt zachtmoedig. Er zijn sommigen die anderen alleen maar gehoorzamen omdat hun natuur zwak en conservatief is. Er zijn anderen die hun boosheid onderdrukken ondanks dat ze in hun gedachten wel boos zijn op degenen die hen een moeilijke tijd bezorgen. Maar ze kunnen niet beschouwd worden als zijnde goedertieren. Mensen die geen zonde in zich hebben, maar enkel liefde in hun hart, aanvaarden en verdragen de slechte mensen met geestelijke zachtmoedigheid.

God wil geestelijke goedertierenheid

Geestelijke goedertierenheid is het resultaat van de volheid van geestelijke liefde, zonder enige slechtheid. Met deze geestelijke goedertierenheid zult u tegen niemand opstaan, maar hem aanvaarden, ongeacht wat voor een schurk hij ook mag zijn. U verdraagt ook, omdat u wijs bent. Maar we moeten herinneren dat we niet als goedertieren beschouwd kunnen worden, omdat we alleen maar onvoorwaardelijk begrijpen en anderen vergeven en zachtmoedig zijn tegen iedereen. We moeten ook de gerechtigheid, waardigheid en autoriteit hebben om in staat te zijn om anderen te leiden en te beïnvloeden. Dus, een geestelijk vriendelijk persoon is niet alleen vriendelijk, maar ook wijs en oprecht. Zo'n persoon leeft een voorbeeldig leven. Om nog specifieker te zijn over geestelijke goedertierenheid, is om zachtmoedigheid in het hart te hebben alsook de levende vrijgevigheid aan de buitenkant.

Zelfs wanneer wij een soort van hart hebben dat geen slechtheid heeft, maar enkel goedheid, als wij alleen maar innerlijke goedertierenheid hebben, kan niet alleen die goedertierenheid er voor zorgen dat wij anderen omarmen en een positieve invloed hebben. Dus wanneer we alleen maar innerlijke goedertierenheid bezitten, maar ook de zichtbare karakters van deugdzame vrijgevigheid, kan onze goedertierenheid worden vervolmaakt en kunnen we grotere kracht laten zien. Wanneer wij vrijgevigheid bezitten samen met een goedertieren hart, kunnen wij de harten van vele mensen winnen en veel meer bereiken.

Iemand kan echte liefde laten zien aan anderen, wanneer hij goedheid en vriendelijkheid heeft in zijn hart, vol van bewogenheid is, en deugdzame vrijgevigheid bezit om in staat te zijn om anderen te leiden op de juiste weg. Dan, kan hij vele zielen leiden tot de weg van redding, welke de juiste weg is. De goedertierenheid binnenin kan niet zijn licht laten schijnen zonder de deugdzame vrijgevigheid aan de buitenkant. Laat, ons nu eerst eens kijken wat we moeten doen om innerlijke goedertierenheid te ontwikkelen.

De norm om innerlijke goedertierenheid te meten is heiliging

Om goedertierenheid te bereiken, moeten we eerst en vooral afrekenen met de zonden van het hart en geheiligd worden. Een goedertieren hart is als katoen, en zelfs wanneer iemand agressief handelt, maakt het geen enkel geluid, maar omarmt alleen maar die persoon. Iemand met een goedertieren hart heeft geen enkel kwaad in zich en hij heeft ook geen enkel conflict met een ander persoon. Maar wanneer wij een scherp hart hebben van haat, jaloezie, en na-ijver of een verhard hart van zelfgerechtigheid en onverzettelijke zelf kaders, is het moeilijk voor ons om anderen te omarmen.

Wanneer een steen valt en een andere stevige steen raakt of een metalen voorwerp, maakt het een geluid en kaatst af. Op dezelfde manier, wanneer onze vleselijke ik nog leeft, laten wij onze ongemakkelijke gevoelens zien, ondanks dat de anderen misschien maar een klein beetje ongemak lieten zien. Wanneer mensen worden erkend als degenen die gebrek aan karakter en andere fouten hebben, dan bedekken, beschermen of begrijpen wij hen niet, maar in plaats daarvan oordelen, veroordelen, roddelen en lasteren wij hen misschien. Dan betekent het dat wij een dun vat zijn, welke overloopt wanneer wij er iets in proberen te doen.

Het is een klein hart dat gevuld is met zoveel vuile dingen dat het geen ruimte meer heeft om andere dingen aan te nemen. Bijvoorbeeld, we voelen ons misschien beledigd, wanneer anderen onze fouten aanwijzen. Of, wanneer we anderen zien fluisteren, denken we misschien dat ze over ons praten en vragen ons af waar ze over praten. We oordelen misschien anderen enkel omdat ze vluchtig naar ons kijken.

Geen zonde in het hart hebben is de basisvoorwaarde om goedertierenheid te ontwikkelen. De reden is dat wanneer er geen zonde is, we anderen kunnen koesteren in ons hart en we hen kunnen zien door goedheid en liefde. Een goedertieren persoon kijkt ten alle tijden naar anderen met genade en bewogenheid. Hij heeft geen enkele intentie om anderen te oordelen of te veroordelen; hij probeert alleen maar om anderen te begrijpen met liefde en goedheid, en zelfs het hart van slechte mensen smelten weg door zijn warmte.

Het is vooral belangrijk dat degenen die anderen onderwijzen en leiden volkomen geheiligd zouden moeten zijn. Tot de mate dat zij slechtheid in zich hebben, zullen zij hun eigen vleselijke gedachten gebruiken. Tot diezelfde mate, kunnen zij niet goed de situaties van de kudde onderscheiden, en zijn daarom niet in staat om de zielen te leiden naar de groene weiden en stille wateren. We kunnen alleen de leiding van de Heilige Geest ontvangen en de situaties van de kudde op de juiste wijze begrijpen om hen naar de beste plaatsen te leiden, als wij volkomen geheiligd zijn. God kan ook alleen maar degenen erkennen die volkomen geheiligd zijn om echt goedertieren te worden. Verschillende mensen hebben verschillende standaards over wat voor soort mensen goedertieren mensen zijn. Maar de goedheid in de ogen van mensen en dat in Gods ogen zijn verschillend van elkaar.

God erkende Mozes' goedertierenheid

In de Bijbel, werd Mozes door God erkend door zijn goedheid. We kunnen leren hoe belangrijk het is om door God erkend te worden, vanuit Numeri hoofdstuk 12. Mozes' broer Aaron en zijn zuster Miriam bekritiseerden eens Mozes vanwege zijn huwelijk met een Ethiopische vrouw.

Numeri 12:2 zegt, *"...en zij zeiden: Heeft de HERE soms uitsluitend door Mozes gesproken, heeft Hij ook niet door ons gesproken? En de HERE hoorde het."*

Wat zei God over wat ze zeiden? *"Van mond tot mond spreek Ik met hem, duidelijk en niet in raadselen, maar hij aanschouwt de gestalte des HEREN. Waarom hebt gij u dan niet ontzien tegen mijn knecht Mozes te spreken?"* (Numeri 12:8).

Aaron's en Miriam's veroordelende kritiek over Mozes maakte God toornig. Daardoor werd Mirjam melaats. Aaron was als een woordvoerder voor Mozes en Mirjam was als een van de leidster van de gemeente. Denkend dat zij ook zo geliefd en erkend waren door God, toen zij dachten dat Mozes iets verkeerd had gedaan, veroordeelden zij hem onmiddellijk.

God accepteerde het oordeel van Aaron en Mirjam niet en het spreken tegen Mozes overeenkomstig hun eigen standaards. Wat voor soort mens was Mozes dan? Hij werd door God erkend als de nederigste en zachtmoedigste mens onder iedereen die op aarde leefde. Hij was ook getrouw in geheel Gods huis, en hierdoor werd hij door God vertrouwd, zoveel zelfs dat hij met God kon praten van aangezicht tot aangezicht.

Wanneer we naar het proces kijken van het volk van Israël, dat Egypte ontvluchtte en het land van Kanaän binnen ging, kunnen wij begrijpen waarom God Mozes op zo'n hoge wijze erkende. De mensen die uit Egypte kwamen, pleegden herhaaldelijk zonden, tegen de wil van God. Ze klaagden tegen Mozes en beschuldigden hem van de kleinste moeilijkheden, en het was ook zo, met hun klagen tegen God. Elke keer dat ze klaagden, vroeg Mozes om Gods genade.

Er was een voorval dat Mozes' goedheid op een dramatische wijze liet zien. Terwijl Mozes op de berg Sinaï ging om de geboden te ontvangen, maakte het volk een afgod – een gouden kalf – en ze aten, dronken en bevredigden zichzelf in losbandigheid, terwijl ze het aanbaden. De Egyptenaren aanbaden de god als een stier, en dat van een koe, en ze maakten zo'n goden na. God had hen zoveel keer laten zien dat Hij met hen was, maar ze lieten geen enkel teken van verandering zien. Uiteindelijk viel Gods wraak op hen. Maar op dat moment, ging Mozes voorbede voor hen doen en wilde hij zelfs zijn leven geven in hun plaats: '*Maar nu, vergeef toch hun zonde – en zo niet, delg mij dan uit het boek dat Gij geschreven hebt*' (Exodus 32:32).

'Het boek dat Gij hebt geschreven' verwijst naar het boek des Levens waarin de namen staan opgeschreven van hen die gered zijn. Wanneer uw naam uit het boek des Levens wordt gewist, kunt u niet meer gered worden. Het betekent niet alleen dat u geen redding ontvangt, maar het betekent ook voor u dat u voor eeuwig in de hel zult lijden. Mozes kende heel goed het leven na de dood, maar hij wilde de mensen redden, ook al zou het betekenen dat hij zijn eigen redding voor hen moest opgeven. Zo'n hart van Mozes gelijkt heel veel op het hart van God, die niet wil dat ook maar iemand verloren gaat.

Mozes ontwikkelde goedheid door beproevingen

Natuurlijk had Mozes niet zo'n goedheid vanaf het begin. Ondanks dat hij een Hebreeër was, werd hij opgevoed als een zoon van een Egyptische prinses en had in niets gebrek. Hij ontving onderwijs op het hoogste niveau van de Egyptische kennis en gevechtskwaliteiten. Hij was ook trots en zelfrechtvaardig. Op een dag, zag hij een Egyptenaar een Hebreeër slaan en vanuit zijn zelfrechtvaardigheid dode hij deze Egyptenaar.

Hierdoor werd hij in één keer een voortvluchtige. Gelukkig werd hij een herder in de wildernis door de hulp van een priester van Midjan, maar hij was alles kwijt. Het hoeden van een kudde was iets heel laags volgens de Egyptenaren. Gedurende veertig jaren moest hij datgene gaan doen, waarop hij had neergekeken. Ondertussen vernederde hij zich volkomen, terwijl hij veel dingen van de liefde van God en het leven ging beseffen.

God riep niet Mozes, de prins van Egypte, om de leider van het volk van Israël te zijn. God riep Mozes, de herder, die zichzelf vele keren had vernederd, zelfs toen God hem riep. Hij vernederde zichzelf volkomen en verwijderde elke zonde van zijn hart door de beproevingen, en om die reden was hij in staat om meer dan 600.000 mensen uit Egypte te leiden naar het land van Kanaän.

Dus, het belangrijkste ding in de ontwikkeling van goedertierenheid, is dat wij goedheid en liefde ontwikkelen door ons te vernederen voor God in de beproevingen, die worden toegestaan voor ons om door heen te gaan. De mate van onze nederigheid, maakt ook het verschil in onze goedertierenheid. Wanneer wij tevreden zijn met onze huidige staat, denkende dat wij de waarheid tot een bepaalde mate hebben ontwikkeld, en dat wij door anderen worden erkend zoals dat geval was bij Aaron en Mirjam, zullen wij alleen maar arroganter worden.

Deugdzame vrijgevigheid vervolmaakt geestelijke goedertierenheid

Om geestelijke goedertierenheid te ontwikkelen, moeten wij niet alleen geheiligd worden door elke vorm van zonde te verwerpen, maar moeten wij ook deugdzame vrijgevigheid ontwikkelen. Deugdzame vrijgevigheid is om anderen op velerlei gebied te begrijpen en terecht accepteren; om het juiste ding te doen overeenkomstig de plichten van de mens; en het is om het karakter te bezitten dat anderen toestaat om zich te onderwerpen en hun harten over te geven, door hun tekortkomingen te begrijpen en hen te accepteren, en niet door natuurlijke kracht. Mensen die zo zijn hebben de liefde om vertrouwen en hoop te inspireren in anderen.

Deugdzame vrijgevigheid is net als de kleding die mensen dragen. Ongeacht, hoe goed we vanbinnen zijn, als we naakt zijn, zullen anderen op ons neerkijken. Evenzo, ongeacht hoe goed wij vanbinnen zijn, we kunnen de waarde van onze goedertierenheid niet laten zien, tenzij wij deze deugdzame vrijgevigheid hebben. Bijvoorbeeld, een persoon is goedertieren, maar hij spreekt veel onnodige dingen wanneer hij met anderen praat. Zo'n persoon heeft geen kwade bedoeling door zo te doen, maar hij kan niet het vertrouwen verdienen van anderen, want hij lijkt niet goedgemanierd te handelen of goed opgeleid. Sommige mensen kwetsen niemands gevoelens, omdat zij goedertieren zijn, en ze veroorzaken geen schade aan anderen. Maar wanneer zij anderen niet actief helpen of nauwkeurig voor anderen zorgen, is het moeilijk voor hen om de harten van vele mensen te winnen.

Bloemen die geen mooie kleuren hebben of goed ruiken kunnen geen bijen of vlinders aantrekken, ondanks dat ze veel nectar hebben. Het is ook zo, zelfs wanneer we zo goedertieren zijn en we onze andere wang kunnen toekeren wanneer iemand ons op een wang slaat, kan onze goedertierenheid niet echt schijnen tenzij wij deugdzame vrijgevigheid hebben in onze woorden en daden. Ware goedertierenheid wordt bereikt en kan zijn echte waarde pas laten zien, wanneer de innerlijke goedertierenheid uiterlijk bekleed is met deugdzame vrijgevigheid.

Jozef had deze deugdzame vrijgevigheid. Hij was de elfde zoon van Jakob, de vader van geheel Israël. Hij werd door zijn broeders gehaat en verkocht als een slaaf aan Egypte, op jonge leeftijd. Maar door de hulp van God werd hij de eerste minister van Egypte op de leeftijd van dertig jaar. Egypte was in die tijd een hele sterke natie, gelegen bij de Nijl. Het was een van de vier belangrijkste "bakermatten van de beschaving." De heersers en de mensen hadden allebei grote trots over zichzelf, en het was helemaal niet gemakkelijk voor een vreemdeling om eerste minister te worden. Als hij een fout maakte, zou hij onmiddellijk worden ontslagen.

Zelfs in zo'n situatie, heerste Jozef echter heel goed en wijs over

Egypte. Hij was goedertieren en nederig, en hij maakte geen fouten in zijn spreken en daden. Hij had ook wijsheid en waardigheid als een heerser. Hij had macht, als tweede onder de koning, maar hij probeerde niet om de mensen te domineren of zichzelf te laten zien. Hij was heel streng voor zichzelf, maar hij was heel vrijgevig en vriendelijk voor anderen. Daarom moesten de koning en andere ministers niet gereserveerd handelen of opletten voor hem of jaloers zijn op hem; ze plaatsten hun hele vertrouwen op hem. We kunnen dat gevolg trekken uit het feit hoe warm de Egyptenaren de familie van Jozef verwelkomden, die van Kanaän naar Egypte verhuisden, om zo te ontkomen aan de hongersnood.

Jozef's goedertierenheid ging samen met deugdzame vrijgevigheid

Wanneer iemand deze deugdzame vrijgevigheid heeft, betekent dat dat hij een groot hart heeft, en niet zomaar anderen oordeelt of veroordeelt naar zijn eigen standaard, ondanks dat hij oprecht is in zijn woorden en daden. Deze karaktereigenschap van Jozef kwam heel goed naar voren, toen zijn broeders, die hem in slavernij hadden verkocht aan Egypte, Egypte binnenkwamen om voedsel te krijgen.

Eerst, herkenden de broeders Jozef niet. Het is heel begrijpelijk want ze hadden hem gedurende meer dan twintig jaar niet meer gezien. Bovendien, konden ze nog minder voorstellen dat Jozef de eerste minister van Egypte was geworden. Wat voelde Jozef nu, toen hij zijn broeders zag, die hem bijna hadden gedood en uiteindelijk verkochten als slaaf aan Egypte? Hij had de macht om hen te laten boeten voor hun zonden. Maar Jozef wilde geen wraak nemen. Hij verborg zijn identiteit en testte hen een aantal keren om te zien of hun hart nog zo was als in het verleden.

Jozef gaf hen eigenlijk een kans om zich te bekeren van hun zonden voor God, omdat de zonde van het plannen om hun eigen broer te doden en te verkopen als een slaaf aan een ander land, niet iets kleins was. Hij vergaf hen niet zomaar of strafte hen, maar hij leidde de situaties op zo'n manier dat zijn broeders zich konden bekeren van hun zonden. Uiteindelijk, enkel nadat de broeders hun fouten herinnerden en spijt toonden, openbaarde Jozef zijn identiteit.

Op dat moment, werden zijn broeders bang. Hun leven was nu in de handen van hun broeder Jozef, die nu de eerste minister van Egypte was, de sterkste natie op aarde, in die tijd. Maar Jozef had geen verlangen om hen te vragen waarom zij dat hadden gedaan, wat zij hadden gedaan. Hij bedreigde hen niet, zeggende, "Nu zullen jullie boeten voor jullie zonden." Maar hij probeerde hen eerder te troosten en hun gedachten tot rust te brengen. *"Maar weest nu niet verdrietig en ziet er niet zo ontsteld uit, omdat gij mij hierheen verkocht hebt, want om u in het leven te behouden heeft God mij voor u uit gezonden"* (Genesis 45:5).

Hij erkende het feit dat alles in het plan van God was. Jozef vergaf niet alleen zijn broeders vanuit zijn hart, maar hij troostte hen ook nog met bewogen woorden, en begreep hen volkomen. Het betekent dat Jozef de daad liet zien die zelfs vijanden kan aanraken, welke de zichtbare deugdzame vrijgevigheid is. Jozef's goedertierenheid die samen ging met deugdzame vrijgevigheid was de bron van kracht om vele levens te redden in en rond

Egypte en was de basis van Gods ontzagwekkende plan. Zoals tot dusver uitgelegd, is deugdzame vrijgevigheid de zichtbare uitdrukking van innerlijke goedertierenheid, en het kan het hart van vele mensen winnen en grote kracht laten zien.

Heiligheid is noodzakelijk om deugdzame vrijgevigheid te hebben

Net zoals innerlijke goedertierenheid kan worden bereikt door heiliging, kan deugdzame vrijgevigheid worden ontwikkeld door de zonde te verwerpen en volkomen geheiligd te worden. Natuurlijk, zelfs wanneer iemand nog niet geheiligd is, kan hij in staat zijn om deugdzame en vrijgevige daden te laten zien tot een bepaalde mate, door zijn opvoeding of omdat hij geboren is met een groot hart. Maar echte deugdzame vrijgevigheid kan uit een hart komen dat vrij is van zonde, en welke enkel de waarheid volgt. Als wij volkomen deugdzame vrijgevigheid willen ontwikkelen, is het niet genoeg om alleen maar de hoofdwortels van zonde uit te trekken uit ons hart. We moeten zelfs elk spoor van zonde verwerpen (1 Tessalonicenzen 5:22).

Zoals geschreven staat in Matteüs 5:48, *"Gij dan zult volmaakt zijn, gelijk uw hemelse Vader volmaakt is."* Wanneer wij alle soorten van zonde uit het hart hebben verworpen en ook onberispelijk worden in onze woorden, daden, en gedragingen, kan goedertierenheid zich ontwikkelen zodat vele mensen rust vinden in ons. Om die reden moeten we niet tevreden zijn wanneer we het niveau hebben bereikt waarbij we alle zonden hebben verworpen zoals haat, na-ijver, jaloezie, arrogantie, en opvliegendheid. We moeten ook de kleine wandaden van het lichaam verwijderen en de daden van waarheid laten zien door het Woord van God en vurig gebed, en door de leiding van de Heilige Geest te ontvangen.

Wat zijn dan de wandaden van het lichaam? Romeinen 8:13 zegt, *"...Want indien gij naar het vlees leeft, zult gij sterven; maar indien gij door de Geest de werkingen des lichaams doodt, zult gij leven."*

Het lichaam verwijst hier niet zomaar naar ons fysieke lichaam. Het lichaam verwijst geestelijk naar het lichaam van de mens nadat de waarheid is verdwenen van hem. Daarom, verwijzen de daden van het lichaam naar de daden die vanuit de leugen komen en de mens heeft veranderd naar het vlees. De daden van het lichaam bevat niet alleen duidelijke zonden, maar ook allerlei onvolmaakte daden of handelingen.

Ik had een speciale ervaring in het verleden. Wanneer ik ook maar een voorwerp aanraakte, kreeg ik een elektrische schok, en ik kreeg iedere keer een pijnscheut. Ik werd bang om iets aan te raken. Natuurlijk, had ik iedere keer nadat ik iets had aangeraakt, een biddende geest roepende tot de Here. Maar ik voelde dit niet als ik iets voorzichtig aanraakte. Wanneer ik een deur opende, hield ik de deurknop voorzichtig vast. Ik moest zelfs voorzichtig zijn, met het geven van een hand aan de gemeenteleden. Dit fenomeen hield enkele maanden aan, en al mijn gedragingen werden heel aandachtig en zacht. Later, besefte ik dat God de daden van mijn lichaam vervolmaakte door deze ervaringen.

Het lijkt misschien iets heel gewoons, maar het gedrag van iemand is heel belangrijk. Sommige mensen maken fysiek contact met anderen wanneer ze lachen of praten met mensen die naast hen staan. Sommige hebben een hele luide stem ongeacht de tijd en plaats en veroorzaken ongemak voor anderen. Deze gedragingen, zijn geen grote fouten, maar het zijn nog steeds onvolmaakte wandaden van het lichaam. Degenen die deugdzame vrijgevigheid hebben, hebben oprechte gedragingen in hun alledaagse leven, en vele mensen zullen rust willen vinden bij hen.

Verander het karakter van het hart

Vervolgens, moeten we het karakter van hart ontwikkelen om deugdzame vrijgevigheid te bezitten. De karakters van hart, verwijzen naar de grote van het hart. Overeenkomstig ieders karakter van hart, doen sommige mensen meer dan er van hen wordt verwacht, terwijl anderen alleen datgene doen wat van hen wordt verwacht of zelfs minder dan dat. Een mens met deugdzame vrijgevigheid heeft een karakter van hart dat groot en breed is, dus hij kijkt niet alleen naar zijn eigen persoonlijke zaken, maar hij zorgt ook voor anderen.

Filippenzen 2:3b-4 zegt, *"...en ieder lette niet slechts op zijn eigen belang, 4 maar ieder (lette) ook op dat van anderen."* Dit karakter van hart kan anders worden overeenkomstig hoe groot ons hart is in alle omstandigheden, zodat we kunnen veranderen door voortdurend te proberen. Als wij alleen maar ongeduldig kijken, naar onze persoonlijke belangen, zouden wij tot in detail moeten bidden en ons enge gedachten moeten vergroten waarbij we eerst naar het belang van anderen kijken en naar hun situaties.

Totdat hij werd verkocht in slavernij in Egypte, was Jozef als de planten en bloemen die werden grootgebracht in een groen huis. Hij kon niet voor elke zaak van het huis zorgen of de harten en situaties meten van zijn broeders die niet zo werden geliefd door hun vader. Door verschillende beproevingen, kreeg hij echter het hart om elke hoek van zijn omgeving te zien en te beheersen, en hij leerde hoe de harten van anderen te beschouwen.

God vergrote het hart van Jozef in voorbereiding op de tijd wanneer Jozef de eerste minister van Egypte zou worden. Wanneer wij dit karakter van hart bereiken, samen met een vriendelijk en onberispelijk hart, kunnen wij ook een grote organisatie besturen en ervoor zorgen. Het is een eigenschap die een leider moet hebben.

Zegeningen voor degenen die goedertieren zijn

Wat voor zegeningen zal worden gegeven aan degenen die volmaakte goedertierenheid hebben bereikt door de zonden van hun hart te verwijderen en zichtbare deugdzame vrijgevigheid hebben ontwikkeld? Zoals geschreven staat in Matteüs 5:5, *"Zalig de zachtmoedigen, want zij zullen de aarde beërven,"* en in Psalm 37:11, *"maar de ootmoedigen beërven het land en verlustigen zich in grote vrede,"* kunnen zij het land beërven. Het land symboliseert hier, de verblijfplaats van het koninkrijk van de hemel, en het erven van het land, betekent "genieten van de grote kracht in de Hemel, in de toekomst."

Waarom zouden zij genieten van grote autoriteit in de Hemel? Een goedertieren persoon versterkt de andere zielen met het hart van onze Vader God en beweegt hun harten. Des te goedertieren iemand wordt, des te meer zielen er rust zullen vinden in hem en geleid zullen worden tot redding door hem. Als wij een grote man kunnen worden waarin veel mensen tot rust komen, betekent dat dat wij vele mensen hebben gediend in een grote mate. Hemelse autoriteit zal worden gegeven aan degenen die dienen. Matteüs 23:11 zegt, *"Maar wie de grootste onder u is, zal uw dienaar zijn."*

Derhalve, zal een goedertieren persoon in staat zijn om te genieten van grote macht en het grote en brede land beërven als de verblijfplaats wanneer hij de Hemel bereikt. Zelfs op deze aarde, worden degenen met veel macht, rijkdom, roem, en autoriteit, gevolgd door vele mensen. Maar wanneer ze alles verliezen wat ze hebben bezeten, zullen zij ook hun autoriteit verliezen, en vele mensen die hen volgden, zullen hen verlaten. De geestelijke autoriteit die een goedertieren persoon volgt, is anders dan die van de wereld. Het verdwijnt niet noch verandert het. Op deze aarde, als zijn ziel voorspoedig is, is hij in alles succesvol. Ook in de Hemel zal hij zeer geliefd worden door God voor eeuwig en gerespecteerd worden door talloze zielen.

3. Liefde is niet afgunstig

Enkele uitmuntende studenten ordenen en verzamelen hun noties over de vragen die zij fout hadden op hun vorige test. Ze onderzoeken de reden waarom ze hebben gefaald om de antwoorden correct te hebben beantwoord en begrijpen het onderwerp helemaal voordat ze verder gaan. Ze zeggen dat dit een hele efficiënte manier van leren is, van het onderwerp wat ze moeilijk vinden om te leren in een korte periode. Dezelfde methode kan ook worden toegepast wanneer we geestelijke liefde ontwikkelen. Wanneer wij onze daden en woorden tot in detail onderzoeken en elke tekortkoming een voor een verwijderen, dan kunnen wij in een kortere periode geestelijke liefde bereiken. Laat ons kijken naar het volgende kenmerk van geestelijke liefde – "Liefde is niet afgunstig."

Afgunst komt wanneer een gevoel van jaloerse bitterheid en ongelukkig voelen buitenmatig groeit en er worden slechte handelingen gedaan tegen een ander persoon. Wanneer wij een gevoel van afgunst hebben en jaloezie in gedachten hebben, zullen wij verkeerde gevoelens hebben wanneer wij iemand anders zien die wordt geprezen of bevoordeeld wordt. Wanneer wij een persoon zien die meer kennis heeft, rijker is en meer competenties heeft dan ons, of wanneer een van onze medewerkers voorspoedig wordt en gunst van vele mensen krijgt, zouden wij afgunst kunnen voelen. Het kan zelfs zo zijn, dat we die persoon soms haten, wensen om hem op te lichten van alles wat hij heeft en over hem heen te lopen.

Aan de andere kant, kunnen we ontmoedigd denken, "Hij

wordt zo bevoordeeld door anderen, maar wat met mij? Ik ben niets!" Met andere woorden, we voelen ons ontmoedigd omdat we onszelf met anderen vergelijken. Wanneer wij ons ontmoedigd voelen, denken sommigen van u misschien dat dat geen afgunst is. Maar liefde is blijde met de waarheid. Met andere woorden, als wij echte liefde hebben, dan verheugen wij ons wanneer een ander persoon voorspoedig is. Wanneer wij ontmoedigd zijn en onszelf bestraffen, of ons niet verblijden met de waarheid, komt dat omdat ons ego of "ik" nog steeds actief is. Omdat ons "ik" nog leeft, wordt onze trots gekwetst, wanneer we onszelf minder voelen dan anderen.

Wanneer een afgunstig denken groeit, komt het daarna naar buiten in goddeloze woorden en daden, en dat is de afgunst waar dit Liefdeshoofdstuk over spreekt. Wanneer afgunst zich ontwikkeld in een ernstig stadium, kan iemand andere personen beschadigen of zelfs doden. Afgunst is een uiterlijke openbaring van zonde en een vuil hart, en het is dus moeilijk voor degenen die afgunst hebben om redding te ontvangen (Galaten 5:19-21). Dat komt omdat afgunst een duidelijk werk van het vlees is, welke een zichtbare zonde is. Afgunst kan in verschillende soorten worden gecategoriseerd.

Afgunst in romantische relaties

Afgunst wordt uitgelokt tot actie, wanneer een persoon in een relatie verlangt om meer liefde en gunst te krijgen van de ander dan hij/zij ontvangt. Bijvoorbeeld, de twee vrouwen van Jakob, Lea en Rachel, waren afgunstig op elkaar en elk van hen verlangde om meer gunst van Jakob. Lea en Rachel waren zussen, beiden dochters van Laban, Jakob's oom.

Jakob trouwde met Lea als een gevolg van een bedrieglijke handeling van zijn oom Laban, ongeacht zijn wens. Jakob was eigenlijk verliefd op Lea's jongste zuster, Rachel, en kreeg haar als zijn vrouw na 14 jaren van dienst aan zijn oom. Vanaf het allereerste begin hield Jakob meer van Rachel dan van Lea. Maar Lea baarde vier kinderen, terwijl Rachel niet in staat was om kinderen te krijgen.

In die tijd was het een schande voor vrouwen om geen kinderen te hebben, en Rachel was voortdurend afgunstig op haar zuster Lea. Ze was zo verblind door haar afgunst, dat ze haar man, Jakob ook een moeilijke tijd bezorgde. *"Geef mij kinderen, of anders ga ik sterven"* (Genesis 30:1).

Zowel Rachel als Lea gaven hun respectieve slavin aan Jakob als bijzit om uitsluitend zijn liefde te nemen. Als ze ook maar een beetje echte liefde hadden gekoesterd in hun harten, hadden ze zich kunnen verblijden wanneer de andere meer gunst had bij hun echtgenoot. Afgunst maakte hen allemaal – Lea, Rachel en Jakob – ongelukkig. Bovendien, beïnvloedde het ook hun kinderen.

Afgunst wanneer de situaties van anderen gelukkiger is

Het aspect van afgunst voor elk individu is verschillend overeenkomstig de waardes van iemands leven. Maar gewoonlijk wanneer de ander rijker is, meer kennis heeft en meer competent is dan wij zijn, of wanneer de ander meer gunst krijgt of geliefd is, worden wij afgunstig. Het is niet moeilijk om onszelf in een situatie van afgunst te vinden in school, op werk, en in huis, wanneer afgunst komt vanuit het gevoel dat iemand anders het beter heeft dan ons. Wanneer een leeftijdgenoot vooruitgaat, en voorspoediger dan ons is, kunnen wij de andere haten en lasteren. We denken misschien dat we de andere moeten vertrappen omdat ze voorspoediger zijn en meer gunst hebben.

Bijvoorbeeld, sommige mensen openbaren de fouten en tekortkomingen van anderen in de werkplaats en veroorzaken dat ze onterecht worden verdacht en kritisch onderzocht worden door senioren, omdat zij zelf gepromoveerd willen worden binnen het bedrijf. Jonge studenten zijn hier ook geen uitzonderingen op. Sommige studenten vallen andere studenten lastig die academisch uitmunten of pesten die studenten omdat ze gunst krijgen van de leraar. Thuis, lasteren en maken kinderen ruzie met broers en zussen om grotere erkenning en gunst te verkrijgen van de ouders. Anderen doen het omdat ze meer bezittingen willen erven van de ouders.

Dat was het geval bij Kaïn, de eerste moordenaar in de menselijke geschiedenis. God aanvaarde het offer van Abel. Kaïn voelde zich gering geschat en terwijl zijn afgunst toenam vermoordde hij uiteindelijk zijn eigen broer. Hij moet waarschijnlijk herhaaldelijk gehoord hebben over het bloedoffer van dieren van zijn ouders, Adam en Eva, en heeft het heel goed geweten. *"En nagenoeg alles wordt volgens de wet met bloed gereinigd, en zonder bloedstorting geschiedt er geen vergeving"* (Hebreeën 9:22).

Toch, gaf hij offers van de oogst van het land, waarop hij had gewerkt. Integendeel, gaf Abel het offer van de eerstgeborene van zijn schapen met zijn hart, overeenkomstig de wil van God. Sommigen zeggen misschien dat het voor Abel niet zo moeilijk was om een lam te offeren, omdat hij een herder was, maar dat is nooit het geval. Hij leerde de wil van God van zijn ouders en hij wilde Zijn wil doen. Om die reden aanvaardde God alleen het offer van Abel. Kaïn werd afgunstig op zijn broer en had geen spijt van zijn fout. Eens het werd aangeschoten, kon zijn vlam van afgunst niet meer worden gedoofd, en uiteindelijk doodde hij zijn broer Abel. Hoe groot moet de pijn van Adam en Eva hierover geweest zijn!

Afgunst tussen broeders in het geloof

Sommige gelovigen zijn afgunstig op een andere broeder of zuster in het geloof, die voor hen zijn in rang, positie, geloof of getrouwheid aan God. Zo'n fenomeen gebeurt gewoonlijk wanneer de andere even oud is, dezelfde positie heeft en dezelfde periode gelovig is, of wanneer ze de andere persoon goed kennen.

Zoals Mattteüs 19:30 zegt, *"Maar vele eersten zullen de laatsten zijn, en vele laatsten de eersten,"* kunnen degenen die minder lang in het geloof zijn, jonger en een gemeente titel hebben, voor ons uitgaan. Dan kunnen we sterke afgunst tegen hen voelen. Zo'n afgunst bestaat niet alleen onder de gelovigen in dezelfde kerk. Het kan ook aanwezig zijn tussen voorgangers en gemeenteleden, kerken onderling, of zelfs onder verschillende Christelijke organisaties. Wanneer een persoon de glorie aan God geeft, zouden allen zich samen moeten verblijden, maar ze roddelen eerder over anderen dat ze ketters zijn, in een poging om de naam van andere mensen of een organisatie neer te halen Wat zouden de ouders voelen, als hun kinderen onderling ruzie maken en elkaar haten? Zelfs al zouden de kinderen hen goed eten en goede dingen geven, zouden zij niet gelukkig zijn. En als gelovigen, die dezelfde kinderen van God zijn, met elkaar vechten en ruzie maken, of de kerken onderling afgunstig zijn, zou het enkel veel grief brengen aan de Here.

De afgunst van Saul tegen David

Saul was de eerste koning van Israël. Hij verkwistte zijn leven door afgunstig te zijn op David. Voor Saul, was David als een ridder in een stralend pantser, die zijn land redde. Toen het moreel van de soldaten de bodem raakte vanwege de intimidatie van Goliat, de Filistijn, kwam David bliksemsnel op en versloeg de voorvechter van de Filistijnen met een werpslinger. Deze ene handeling bracht overwinning aan Israël. Sindsdien, voerde David vele bliksemsnelle verplichtingen uit om het land te beschermen van de aanvallen van de Filistijnen. Het probleem tussen Saul en David werd op dat punt erger. Saul hoorde iets waar hij zich echt aan stoorde in de menigte die David, die terugkwam van een overwinning in het oorlogsgebied, verwelkomden. Het was, *"Saul heeft zijn duizenden verslagen, maar David zijn tienduizenden"* (1 Samuël 18:7).

Saul voelde zich heel ongemakkelijk en hij dacht, *"Hoe kunnen ze mij vergelijken met David? Hij is niets meer dan een herdersjongen!"*

Zijn boosheid escaleerde terwijl hij bleef nadenken over deze opmerking. Hij dacht dat het niet goed was dat de mensen David zoveel prezen, en vanaf dat moment leken al David's handelingen achterdocht bij Saul op te wekken. Saul dacht waarschijnlijk dat David op zo'n manier handelde dat hij de harten van de mensen kocht. Nu, wees de punt van de pijl van Saul's boosheid naar Saul. Hij dacht, "Als David het hart van de mensen al heeft gewonnen, dan is een opstand slechts een zaak van tijd!"

Toen zijn gedachten overdreven toenamen, zocht Saul naar een gelegenheid om David te doden. Op een keer, leed Saul onder boze geesten en David speelde de harp voor hem. Saul greep de kans en wierp zijn speer naar hem. Gelukkig ontweek David het en ontsnapte. Maar Saul gaf zijn pogingen niet op om David te doden. Hij zat voortdurend David achterna met zijn leger.

Ondanks dit alles, had David geen verlangen om Saul kwaad te doen, omdat de koning door God gezalfd was, en koning Saul wist dit. Maar de vlam van Saul's jaloezie, die was aangewakkerd, was niet meer te blussen. Saul leed voortdurend onder de verstorende gedachten die voortkwamen uit zijn jaloezie. Totdat hij werd gedood in de oorlog met de Filistijnen, had Saul geen rust, vanwege zijn jaloezie op David.

Degenen die jaloers waren op Mozes

In Numeri 16, lezen we over Korah, Dathan en Abiram. Korah was een Leviet, en Dathan en Abiram waren van de stam van Ruben. Ze koesterden wrok jegens Mozes en zijn broeder en helper Aaron. Ze waren kwaad over het feit dat Mozes, een prins van Egypte was geweest en nu hij een vluchteling en een herder in Midjan was, over hen heerste. Vanuit een ander gezichtspunt wilden zij de leider worden. Dus ze maakten contact met de mensen om hen naar hun groep te trekken.

Korah, Dathan, en Abiram verzamelden zich 250 mensen die hen volgden en ze dachten dat ze de macht zouden krijgen. Ze zeiden, *"Laat het u genoeg zijn, want de gehele vergadering, zij allen zijn heiligen, en de HERE is in hun midden. Waarom verheft gij u dan boven de gemeente des HEREN?"* (Numeri 16:3).

Ondanks dat ze niet terughoudend waren in het confronteren van hem, zei Mozes niets tot hen terug. Hij knielde alleen maar neer voor God om te bidden en probeerde hen hun fout te laten inzien en smeekte God om Zijn oordeel. Op dat moment, steeg de toorn van God op tegen Korah, Dathan en Abiram en degenen die met hen waren. De aarde opende haar mond, en Korah, Dathan en Abiram, samen met hun vrouwen en hun zonen en hun kleinkinderen werden levend verzwolgen in Sheol. Er kwam ook vuur van de Here en verteerde de tweehonderd vijftig mensen die een reukoffer aan het brengen waren.

Mozes bracht geen enkele schade aan de mensen (Numeri 16:15). Hij deed enkel zijn uiterste best om de mensen te leiden. Hij bewees keer op keer, dat God met hem was door de wonderen en tekenen. Hij toonde hen de Tien Plagen in Egypte; hij leidde hen door de Rode Zee op het droge land door het in tweeën te scheiden; hij gaf hen water uit de rots en hij liet hen manna en kwakkels eten in de woestijn. Zelfs toen lasterden ze Mozes en stonden tegen hem op, zeggende dat hij zichzelf verhief.

God liet het volk ook zien wat voor grote zonde het was om jaloers te zijn op Mozes. Een man oordelen en veroordelen, die door God bevestigd is, is hetzelfde als het oordelen en veroordelen van God Zelf. Daarom, moeten we voorzichtig zijn wanneer wij de gemeenten en organisaties bekritiseren die werken in de naam van de Here, zeggende dat ze het verkeerd hebben of ketters zijn. Daar, we allemaal broeders en zusters in God zijn, is jaloezie onder ons een grote zonde voor God.

Jaloezie over dingen die nietszeggend zijn

Kunnen wij door jaloezie datgene krijgen wat we willen hebben? In geen geval! We kunnen misschien in staat zijn om andere mensen in moeilijke situaties te brengen en het lijkt misschien wel dat we boven hen uitstijgen, maar in feite kunnen wij niet alles verkrijgen wat we willen. Jakobus 4:2 zegt, *"Gij begeert, doch gij hebt niet; gij zijt moorddadig en na-ijverig en gij kunt er niets mede verkrijgen; gij vecht en gij strijdt. Gij hebt niets, omdat gij niet bidt."*

In plaats van jaloers te zijn, moet u datgene beschouwen wat is opgeschreven in Job 4:8, *"Naar ik gezien heb: wie onrecht ploegen en moeite zaaien, die maaien het."* De zonde die u doet, zal als een boemerang naar u terugkeren.

Als vergelding voor de zonde die u heeft gezaaid, kan het zijn dat er rampen gebeuren in uw gezin of op uw werkplaats. Zoals Spreuken 14:30 zegt, *"Een zachtmoedig hart is leven voor het vlees, maar jaloersheid is vertering voor de beenderen."* resulteert jaloezie alleen maar in zelf-toegebrachte schade, en is het dus volkomen nietszeggend. Daarom, als u voor anderen uit wil lopen, moet u het eerder aan God vragen, die alle dingen beheerst, dan uw energie te verspillen in gedachten en daden van jaloezie

Natuurlijk, kunt u niet alles verkrijgen wat u vraagt. Jakobus 4:3 zegt het, *"(Of,) gij bidt wel, maar gij ontvangt niet, doordat gij verkeerd bidt, om het in uw hartstochten door te brengen."* Als u vraagt om te spenderen voor uw eigen pleziertjes, kunt u het niet ontvangen, omdat het niet de wil van God is. Maar in de meeste gevallen vragen mensen overeenkomstig hun lusten. Ze vragen om rijkdom, roem en macht voor hun eigen gemak en trots. Dit maakt mij droevig gedurende mijn bediening. De echte en ware zegeningen zijn geen rijkdom, roem en macht, maar het is de voorspoed van iemands ziel.

Ondanks hoeveel dingen u mag hebben en van genieten, wat is het nut ervan als u geen redding ontvangt? Wat we moeten herinneren is dat alle dingen van deze aarde als dauw zullen verdwijnen. 1 Johannes 2:17 zegt, *"En de wereld gaat voorbij en haar begeren, maar wie de wil van God doet, blijft tot in eeuwigheid."* En Prediker 12:8 zegt, *"IJdelheid der ijdelheden, zegt de Prediker, alles is ijdelheid!"*

Ik hoop dat u niet jaloers zult worden op uw broeders en zusters door u vast te klampen aan nietszeggende dingen van de wereld, maar een hart zult hebben dat rechtvaardig is in de ogen van God. Dan zal God de verlangens van uw hart beantwoorden en u het eeuwige koninkrijk van de Hemel geven.

Jaloezie en geestelijk verlangen

Mensen geloven in God en toch worden ze jaloers omdat ze weinig geloof en liefde hebben. Wanneer u gebrek hebt aan de liefde van God en weinig geloof hebt in het koninkrijk van de Hemel, wordt u misschien jaloers om rijkdom, roem en macht te verkrijgen in deze wereld. Als u de volle zekerheid hebt in de rechten van de kinderen van God en het burgerschap van de Hemel, dan zijn de broeders en zusters in Christus veel kostbaarder dan degenen van uw aardse familie. Dat komt omdat u gelooft dat u met hen voor eeuwig zult leven in de Hemel.

Zelfs de ongelovigen die Jezus Christus niet hebben aangenomen, zijn kostbaar, en zij zijn degenen die wij zouden moeten leiden tot het hemelse koninkrijk. Op dit geloof, als wij ware liefde in ons ontwikkelen, zullen wij net zoveel van onze naaste houden als van onszelf. Wanneer anderen dan geluk hebben, zullen wij net zo blij zijn alsof wij geluk hebben. Degenen die waar geloof hebben, zoeken niet de zinloze dingen van de wereld, maar zij proberen om ijverig de werken van de Here te doen, om zo het Hemelse koninkrijk met geweld te grijpen. Dat betekent dat zij geestelijke verlangens hebben.

Sinds de dagen van Johannes de Doper tot nu toe breekt het Koninkrijk der hemelen zich baan met geweld en geweldenaars grijpen ernaar (Matteüs 11:12).

Geestelijk verlangen is zeker anders dan jaloezie. Het is belangrijk om het verlangen te hebben om enthousiast en getrouw te zijn in het werk van de Heer. Maar wanneer die passie de grens overschrijdt en weggaat van de waarheid of als het ervoor zorgt dat anderen struikelen, is het niet aanvaardbaar. Terwijl we vurig zijn in ons werk voor de Heer, moeten we omzien naar de noden van de mensen om ons heen, hun voordeel zoeken, en de vrede met iedereen najagen.

4. Liefde praalt niet

Er zijn mensen die altijd over zichzelf opscheppen. Ze bekommeren zich niet over wat anderen voelen wanneer zij opscheppen. Ze willen alleen maar pronken met datgene wat ze hebben, terwijl ze erkenning van anderen zoeken te verdienen. Jozef schepte op over zijn droom, toen hij een kleine jongen was. Dit veroorzaakte dat zijn broeders hem gingen haten. Omdat hij op een speciale wijze geliefd was door zijn vader, begreep hij niet echt het hart van zijn broeders. Later, werd hij verkocht als een slaaf in Egypte en ging door vele beproevingen om uiteindelijk geestelijke liefde te ontwikkelen. Voordat mensen geestelijke liefde ontwikkelen, verbreken ze misschien de vrede door te pronken en zichzelf te verhogen. Daarom zegt God, "Liefde praalt niet."

Eenvoudig gezegd, om op te scheppen is het openbaren of laten zien van iemands ik. Mensen willen gewoonlijk erkend worden, als ze iets doen of iets beters hebben dan anderen. Wat zou het effect van opscheppen zijn?

Bijvoorbeeld, sommige ouders zijn hoogdravend en opschepperig over hun kinderen die goed studeren. Dan, kunnen andere mensen zich met hen verheugen, maar de meesten van hen voelen zich gekwetst in hun trots en hebben er slechte gevoelens over. Ze schelden hun kinderen misschien uit zonder enige reden. Ongeacht hoe goed uw kind zijn studies doet, als u ook maar een klein beetje goedheid in uw hart hebt, en denkt aan de gevoelens van anderen, zult u niet op deze manier over uw kind opscheppen. U zult ook willen dat het kind van de buren goed studeert, en als hij het goed doet, zult u hem vreugdevol complimenteren.

Degenen die opscheppen, zijn minder geneigd om anderen te erkennen en de goede werken die door andere mensen gedaan zijn te prijzen. Op de een of andere manier, zijn ze geneigd om anderen te degraderen, omdat ze denken dat ze in de schaduw worden gesteld tot de mate dat anderen worden erkend. Dat is een van de manieren waardoor opscheppen, problemen veroorzaakt. Door zo te handelen, is het opschepperige hart veraf van de ware liefde. U denkt misschien als u over uzelf pronkt dat u dan wordt erkend, maar het maakt het alleen moeilijk voor uzelf om oprecht respect en liefde te ontvangen. In plaats van het voortbrengen van na-ijver van de mensen om uw heen, zal het wrevel en jaloezie naar u brengen. *"Maar nu roemt gij in uw grootspraak; al zulk roemen is verkeerd"* (Jakobus 4:16).

Hovaardig leven komt voort uit liefde voor de wereld

Waarom scheppen mensen op over zichzelf? Het komt omdat ze hovaardig leven in zich hebben. Het hovaardige leven verwijst naar de "natuur van het pronken overeenkomstig de pleziertjes van deze wereld." Dit komt van de liefde voor de wereld. Mensen scheppen gewoonlijk op over de dingen die zij belangrijk achten. Degenen die van geld houden, zullen opscheppen over het geld dat zij hebben, en degenen die het uiterlijke belangrijk achten, zullen daarover opscheppen. Zij plaatsen namelijk geld, uiterlijke verschijning, roem, of sociale macht boven God.

Een van de leden van onze gemeente had een succesvol bedrijf dat computers verkocht aan zakelijke conglomeraten van Korea. Hij wilde zijn bedrijf uitbreiden. Hij kreeg vele verschillende soorten van leningen en investeerde in een franchise internet café en internet uitzending. Hij richtte een bedrijf op met een begin kapitaal van twee miljard won, wat ongeveer gelijk is aan twee miljoen US dollar.

Maar de overgang ging heel traag en het verlies nam toe waardoor het bedrijf uiteindelijk failliet ging. Zijn huis werd overgedragen aan een veiling en de schuldeisers zaten hem achterna. Hij moest in kleine huizen wonen in het souterrain of op het dak. Nu begon hij terug te kijken naar zichzelf. Hij besefte dat hij het verlangen had om op te scheppen over zijn succes en dat hij begerigheid voor geld had. Hij besefte dat hij de mensen om zich heen een moeilijke tijd bezorgde, omdat hij zijn bedrijf uitbreidde boven zijn eigen mogelijkheid.

Toen hij zich volkomen voor God bekeerde, met zijn hele hart en zijn begerigheid verwijderde, was hij gelukkig, ondanks dat hij een baan had waarbij hij rioolpijpen en septische tanks moest reinigen. God keek naar zijn situatie en toonde hem een manier waarop hij een nieuwe zaak kon beginnen.

1 Johannes 2:15-16 zegt, *"Hebt de wereld niet lief en hetgeen in de wereld is. Indien iemand de wereld liefheeft, de liefde des Vaders is niet in hem. Want al wat in de wereld is: de begeerte des vlezes, de begeerte der ogen en een hovaardig leven, is niet uit de Vader, maar uit de wereld."*

Hizkia, de dertiende koning van Zuid Juda, was oprecht in de ogen van God en hij reinigde ook de tempel. Hij overwon de invasie van Assyrië door gebed; toen hij ziek werd, bad hij in tranen en ontving een 15-jarige verlenging van zijn leven. Maar nog steeds was er een hovaardig leven in hem. Nadat hij herstelde van zijn ziekte, zond Babylon hun diplomaten.

Hizkia was zo blij om hen te ontvangen en liet hen al zijn schatten zien, het zilver en het goud en de specerijen en de kostbare olie en zijn hele wapenarsenaal en alles wat gevonden werd in zijn schatten. Vanwege zijn opscheppen, werd Zuid-Juda aangevallen door Babylon en werden alle schatten meegenomen (Jesaja 39:1-6). Opscheppen komt voort uit liefde voor de wereld, en het betekent dat de persoon geen liefde voor God heeft. Daarom, om echte liefde te ontwikkelen, moet iemand het hovaardig leven uit zijn hart verwijderen.

Roemen in de Heer

Er is een soort van opscheppen wat goed is. Het is om te roemen in de Here zoals 2 Korintiërs 10:17 zegt, *"Maar wie roemt, roeme in de Here."* Het roemen in de Here, is om God de glorie te geven, dus hoe meer, hoe beter. Een goed voorbeeld van roemen is een "getuigenis."

Paulus zei in Galaten 6:14 *"Maar ik moge ervoor bewaard blijven te roemen anders dan in het kruis van onze Here Jezus Christus, door wie de wereld mij gekruisigd is en ik der wereld."*

Zoals hij zei, we roemen in Jezus Christus, Die ons redde en ons het hemelse koninkrijk gaf. We zijn bestemd voor de eeuwige dood, mede door onze zonden, maar dankzij Jezus, die voor onze zonde betaalde aan het kruis, kregen wij eeuwig leven. Hoe dankbaar moeten wij hiervoor zijn!

Om die reden roemde de apostel Paulus over zijn zwakheden. In 2 Korintiërs 12:9 zegt hij, *"En Hij heeft tot mij gezegd: Mijn genade is u genoeg, want de kracht openbaart zich eerst ten volle in zwakheid. Zeer gaarne zal ik dus in zwakheden nog meer roemen, opdat de kracht van Christus over mij kome."*

In feite, verrichtte Paulus zoveel tekenen en wonderen en mensen brachten zelfs zakdoeken of zweetdoeken, die hem hadden aangeraakt, naar de zieken en ze werden genezen. Hij maakte drie zendingsreizen, terwijl hij vele mensen tot de Here leidde en gemeenten plantte in vele steden. Maar hij zei dat het niet hijzelf was die al die werken had gedaan. Hij roemde alleen dat het de genade van God was en de kracht van de Here die hem had toegestaan om datgene te doen wat hij had gedaan.

Vandaag, geven vele mensen hun getuigenissen van ontmoetingen en ervaringen met de levende God in hun alledaagse leven. Zij geven de liefde van God zeggende, dat ze genezing van ziekten hebben ontvangen, financiële zegeningen, en vrede in het gezin, toen ze God ernstig zochten en de daden van hun liefde voor Hem lieten zien.

Zoals geschreven staat in Spreuken 8:17, *"Ik heb lief wie mij liefhebben, wie mij ijverig zoeken, zullen mij vinden."* Ze zijn dankbaar dat ze de grote liefde van God hebben ervaren en kregen groter geloof, wat betekent dat ze geestelijke zegeningen ontvangen hebben. Zo'n roemen in de Here geeft glorie aan God en plant geloof en leven in de harten van mensen. Door zo te doen, verzamelen ze beloningen in de Hemel en zullen de verlangens van hun hart sneller worden beantwoord.

Maar we moeten hier met een ding voorzichtig zijn. Sommige mensen zeggen dat ze glorie aan God geven, maar in feite proberen ze zichzelf of datgene wat ze gedaan hebben, te laten zien aan anderen. Ze laten indirect blijken dat ze in staat waren om de zegeningen te ontvangen door hun eigen pogingen. Het lijkt alsof ze glorie aan God geven, maar eigenlijk geven ze alle eer aan zichzelf. Satan zal aanklachten brengen tegen zo'n mensen. Uiteindelijk zal het resultaat van opscheppen over zichzelf, worden geopenbaard; ze zullen misschien verschillende soorten van testen en beproevingen tegenkomen, of wanneer niemand hen erkend, gaan ze gewoon weg van God.

Romeinen 15:2 zegt, *"Ieder onzer trachte zijn naaste te behagen, ten goede, tot opbouwing."* Zoals gezegd, zouden wij altijd moeten spreken tot opbouw van onze naaste en om geloof en leven in hen te planten. Net zoals het water gereinigd wordt door een filter, zouden wij een filter moeten hebben voor onze woorden, voordat we spreken, nadenkende over onze woorden of ze zullen opbouwen of de gevoelens van de hoorders zullen kwetsen.

Om een hovaardig leven te verwerpen

Zelfs ondanks dat ze vele dingen hebben om over op te scheppen, kan niemand voor eeuwig leven. Na dit leven op deze aarde, zal iedereen naar de Hemel ofwel de Hel gaan. In de Hemel, zijn zelfs de wegen van goud gemaakt, en de rijkdom daar kan niet vergeleken worden met dat van deze wereld. Het betekent dat het opscheppen in deze wereld zo zinloos is. Ook, zelfs wanneer iemand zoveel rijkdom, roem, kennis en macht heeft, kan hij erover opscheppen, als hij naar de Hel gaat?

Jezus zei, *"Want wat zou het een mens baten, als hij de gehele wereld won, maar schade leed aan zijn ziel? Of wat zal een mens geven in ruil voor zijn leven? Want de Zoon des mensen zal komen in de heerlijkheid zijns Vaders, met zijn engelen, en dan zal Hij een ieder vergelden naar zijn daden"* (Matteüs 16:26-27).

Het roemen van de wereld kan nooit eeuwig leven geven of bevredigen. Maar het brengt eerder het opkomen van nutteloze verlangens en leidt ons naar de vernietiging. Als we zo'n feit beseffen en ons hart vullen met de hoop van de Hemel, zullen we kracht ontvangen om het hovaardige leven te verwerpen. Het is gelijk aan een kind dat gemakkelijk zijn speelgoed kan wegdoen dat oud is en weinig waarde heeft, wanneer het een nieuw stuk speelgoed krijgt. Omdat we op de hoogte zijn van de schitterende schoonheid van het hemelse koninkrijk, hangen we niet vast aan of strijden met de dingen van deze wereld.

Wanneer we het hovaardige leven hebben verworpen, zullen wij alleen roemen in Jezus Christus. We zullen in deze wereld niets waardevols vinden om over te roemen, maar we zullen enkel trots zijn op de glorie, waarvan wij zullen genieten in het eeuwige hemelse koninkrijk. Dan zullen wij vervuld zijn met vreugde die we nooit eerder hebben gekend. Zelfs wanneer wij moeilijke momenten tegenkomen in onze wandel in dit leven, zullen we ze niet zo moeilijk vinden. We zullen alleen dank geven voor de liefde van God, die Zijn eniggeboren Zoon, Jezus heeft gegeven om ons te redden en wij zullen daarbij vervuld zijn met vreugde in alle omstandigheden. Wanneer we niet een hovaardig leven zoeken, zullen wij ons niet zo verheven voelen wanneer wij worden geprezen of ontmoedigd worden wanneer we worden berispt. We zullen ons alleen nog nederiger onderzoeken wanneer we eer ontvangen, en we zullen alleen maar dankbaar zijn wanneer we worden berispt en onszelf nog meer proberen te veranderen.

5. Liefde is niet opgeblazen

Degenen die op scheppen over zichzelf voelen zich snel beter dan anderen en worden opgeblazen. Wanneer dingen goed met hen gaan, denken zij dat het komt omdat ze een goed werk hebben gedaan en worden verwaand of lui. De Bijbel zegt dat een van de dingen die God het meeste haat, opgeblazenheid of arrogantie is. Arrogantie is ook de hoofdreden waarom de mensen de Toren van Babel wilden bouwen om te wedijveren met God, wat ook de gebeurtenis is waar God de talen scheidde.

Kenmerken van opgeblazen mensen

Een opgeblazen persoon beschouwd de anderen minder goed als zichzelf en minacht of veronachtzaamt anderen. Zo'n persoon voelt zich in alle aspecten beter dan anderen. Hij beschouwt zichzelf als de beste. Hij veracht, kijkt neer op en probeert anderen in alle zaken te onderwijzen. Hij laat gemakkelijk een arrogante houding zien naar degenen die minder lijken te zijn dan hem. Soms in zijn buitensporige arrogantie, veronachtzaamt hij degenen die hem hebben onderwezen en geleid en degenen die boven hem staan in positie in het bedrijf of op sociale hiërarchie. Hij is niet gewillig om te luisteren naar het advies, berisping of raad die zijn senior geeft aan hem. Hij zal klagen, denkende, "Mijn senior zegt dit alleen maar omdat hij niet weet waar het over gaat," of zegt, "Ik weet alles en ik kan het heel goed doen."

Zo'n persoon veroorzaakt vele argumenten en ruzies met

elkaar. Spreuken 13:10 zegt, *"Door overmoed ontstaat slechts twist, maar bij hen die zich laten raden, is wijsheid."*

2 Timotheüs 2:23 zegt ons, *"Maar wees afkerig van de dwaze en onverstandige strijdvragen; gij weet immers, dat zij twisten teweegbrengen."* Dat is de reden waarom het zo dwaas en verkeerd is om te denken dat u het alleen maar bij het rechte einde hebt.

Elk persoon heeft een verschillend geweten en verschillende kennis. Dat komt omdat ieder individu verschillend is in wat hij heeft gezien, gehoord, ervaren en onderwezen is. Maar veel van ieders kennis is verkeerd, en sommigen ervan zijn op verkeerde manier opgeslagen. Als die kennis in ons is verhard gedurende een lange tijd, zijn zelfgerechtigheid en kaders gevormd. Zelfgerechtigheid blijft vasthouden dat alleen onze eigen meningen juist zijn, en wanneer het verhard, wordt het een denkkader. Sommige mensen vormen hun kaders in hun persoonlijkheid of met de kennis die zij hebben.

Het kader is als een skelet van het menselijke lichaam. Het vormt ieders vorm, en eens het gemaakt is, is het moeilijk te breken. De gedachten van de meeste mensen komen voort uit zelfgerechtigheid en kaders. Een persoon die een gevoel van minderwaardigheid heeft, reageert heel gevoelig wanneer anderen hun vinger naar hem wijzen met beschuldigingen. Of zoals een gezegde weergeeft, als een rijk persoon zijn kleding past, denken mensen dat hij opschept en pronkt met zijn kleding. Wanneer iemand soms moeilijke of zware woordenschat gebruikt, denken mensen dat hij opschept met zijn kennis en op hen neerkijkt.

Ik heb op de lagere school van een leraar geleerd dat de Staat van Vrijheid, San Francisco was. Ik herinner mij nog heel goed hoe ze mij met de foto en de kaart van de Verenigde Staten onderwees. Begin de jaren 90, ging ik naar de Verenigde Staten om een Verenigde Opwekkingssamenkomst te leiden. Het was toen dat ik leerde dat de Staat van Vrijheid eigenlijk gelegen was in New York City.

In mijn veronderstelling had het de Staat San Francisco moeten zijn, dus ik begreep niet waarom het in New York City was. Ik vroeg de mensen om mij heen en ze zeiden dat het eigenlijk New York City was. Ik besefte dat het beetje kennis wat ik had geloofd als zijnde de waarheid, eigenlijk niet correct was. Op dat moment, dacht ik ook dat hetgeen ik geloofde wat juist was, ook verkeerd kon zijn. Vele mensen geloven en houden de dingen vast die niet correct zijn.

Zelfs wanneer ze het verkeerd hebben, zullen degenen die arrogant zijn het niet toegeven en blijven vasthouden aan hun eigen meningen, en dit zal leiden tot ruzies. Maar degenen die nederig zijn, zullen geen ruzie maken, ondanks dat die andere persoon het verkeerd heeft. Ook al zijn ze 100% zeker dat ze gelijk hebben, zullen ze nog steeds denken dat er een mogelijkheid is dat ze het verkeerd hebben, want ze hebben geen enkele intentie om te winnen van de andere in het argument.

Een nederig hart heeft geestelijke liefde dat anderen beter acht. Zelfs wanneer anderen minder geluk hebben, lagere opleiding, of zelfs lagere sociale macht hebben, zouden wij met een nederig hart de anderen beter moeten achten dan onszelf vanuit ons hart. We zouden alle zielen als zeer kostbaar moeten beschouwen, want ze zijn zo waardig dat Jezus Zijn bloed voor hen liet vloeien.

Vleselijke opgeblazenheid en geestelijke arrogantie

Wanneer iemand zo'n uiterlijke daden van leugens van opscheppen over zichzelf laat zien en neerkijkt op anderen, kan hij heel gemakkelijk zo'n arrogantie hebben. Als we de Here aannemen en de waarheid leren kennen, kunnen deze houdingen van vleselijke arrogantie gemakkelijk worden verwijderd. Integendeel, is het niet gemakkelijk om iemands geestelijke arrogantie te beseffen en te verwerpen. Wat is dan geestelijke arrogantie?

Als u voor een bepaalde tijd naar de kerk gaat, verzamelt u zoveel kennis van Gods woord. U krijgt misschien ook titels en posities in de kerk of u wordt uitgekozen als leiders. Dan voelt u misschien dat u een hoeveelheid kennis van het woord van God hebt ontwikkeld in uw hart, dat genoeg betekent om te denken, "Ik heb zoveel bereikt. Ik moet over de meeste dingen gelijk hebben!" U vermaant, oordeelt en veroordeelt anderen met het Woord van God, dat u als kennis hebt verzameld, denkende dat u alleen maar het goede van het kwade onderscheid overeenkomstig de waarheid. Sommige leiders van de kerk, voelen hun eigen voordelen en breken de regels en bevelen die zij behoren te onderhouden. Ze overtreden absoluut de bevelen van de kerk in daden, maar ze denken, "Voor mij is het OK omdat ik in deze positie ben. Ik ben een uitzondering." Zo'n verheven denken is geestelijke arrogantie.

Wanneer wij onze liefde voor God belijden terwijl we de wet en het bevel van God negeren met een verheven hart, is de belijdenis niet echt. Wanneer wij anderen oordelen en veroordelen, kunnen wij niet worden beschouwd alsof wij de echte liefde bezitten. De waarheid leert ons om alleen te kijken, te luisteren en te praten over de goede dingen van anderen.

Spreekt geen kwaad van elkander, broeders. Wie van zijn broeder kwaad spreekt of hem oordeelt, spreekt kwaad van de wet en oordeelt haar; en indien gij de wet oordeelt, zijt gij geen dader, doch een rechter der wet (Jakobus 4:11).

Hoe voelt u zich wanneer u de zwakheden van anderen hebt ontdekt?

Jack Kornfield, schrijft in zijn boek *De kunst van vergeven, vriendelijkheid en vrede,* over een andere manier van omgaan met onbekwame daden.

"In de Babemba stam van Zuid Afrika, wordt een persoon die onverantwoord of onrechtvaardig handelt, in het midden van het dorp geplaatst, alleen en onbelemmerd. Al het werk stopt, en elke man, vrouw en kind in het dorp verzameld zich in een grote kring om de aangeklaagde persoon. Dan spreekt elke persoon van de stam tot de aangeklaagde, een per keer, waarbij iedereen de goede dingen die de persoon in het midden van kring in zijn leven gedaan heeft, opnoemt. Elke gebeurtenis, elke ervaring dat teruggehaald kan worden met elk detail en nauwkeurigheid, wordt opnieuw verteld. Al zijn positieve houdingen, goede daden, krachten en vriendelijkheid worden zorgvuldig en volledig opgenoemd. Deze stamceremonie duurt vaak voor dagen. Uiteindelijk, wordt de stamkring gebroken, vindt er een vreugdevol feest plaats, en wordt de persoon symbolisch en letterlijk terug verwelkomt in de stam."

Door dit proces, herstellen de personen die het verkeerd deden hun zelfwaarde en bedenken zich om hun stam te bevorderen. Dankzij deze unieke manier van verhoor, wordt er gezegd dat er nauwelijks misdaden gebeuren in hun gemeenschap.

Wanneer we de fouten van andere mensen zien, kunnen we nadenken of we hen eerst oordelen en veroordelen of ons genadevolle en droevige hart laten spreken. Met deze mate, kunnen wij onderzoeken hoeveel nederigheid en liefde wij hebben ontwikkeld. Door onszelf voortdurend te onderzoeken, zouden wij niet tevreden moeten zijn met wat we reeds hebben bereikt, enkel omdat we reeds lange tijd gelovigen zijn.

Voordat iemand volkomen geheiligd wordt, heeft iedereen de natuur in zich die toestaat dat arrogantie groeit. Daarom, is het heel belangrijk om de wortels van de natuur van arrogantie te verwijderen. Het kan opnieuw opkomen op elk moment, tenzij wij het volledig uitrukken door vurig gebed. Het is net als het afsnijden van onkruid, het zal opnieuw opgroeien, tenzij wij het volledig ontwortelen. Namelijk, sinds de zondige natuur niet volledig uit het hart is verwijderd, komt arrogantie opnieuw in het denken, als ze een leven leiden in geloof, voor een lange tijd. Daarom, zouden wij onszelf moeten vernederen als kinderen voor de Here, anderen beter moeten achten dan onszelf, en voortdurend moeten streven naar het ontwikkelen van geestelijke liefde.

Arrogante mensen geloven in zichzelf

Nebukadnessar opende het gouden tijdperk van het Grote Babylon. Een van de Wonderen van de Oudheid, de Hangende Tuinen werden in zijn tijd gemaakt. Hij was trots dat zijn gehele koninkrijk en de werken werden gedaan door zijn grote macht. Hij maakte zelfs een beeld van zichzelf en liet de mensen het aanbidden. Daniël 4:30 zegt, *"Nam de koning het woord en zeide: 'Is dit niet het grote Babel, dat ik gebouwd heb tot een koninklijke woonstede door de sterkte mijner macht en tot eer mijner majesteit?'"*

God liet hem uiteindelijk begrijpen wie de echte heerser van de wereld is (Daniël 4:31-32). Hij werd verdreven uit het paleis, at gras zoals koeien, en leefde als een wild dier in de wildernis, gedurende zeven jaren. Wat was de betekenis van zijn troon op dat moment? We kunnen niets verkrijgen, als God het niet toestaat. Nebukadnessar keerde na zeven jaren terug tot de normale staat van denken. Hij besefte zijn arrogantie en erkende God. Daniël 4:37 zegt, *"Nu roem, verhef en verheerlijk ik, Nebukadnessar, de Koning des hemels, wiens werken alle waarheid en wiens paden recht zijn, en die hen die in hoogmoed wandelen, vermag te vernederen."*

Het gaat niet alleen over Nebukadnessar. Sommige ongelovigen in de wereld zeggen, "Ik geloof in mijzelf." Maar de wereld is niet gemakkelijk voor hen om te overwinnen. Er zijn vele problemen in de wereld die niet kunnen worden opgelost met menselijke bekwaamheid. Zelfs de nauwkeurigste geslepen kennis en technologie is nutteloos voor natuurrampen zoals orkanen en aardbevingen en andere onverwachte rampen

En hoeveel soorten van ziekten kunnen niet worden genezen zelfs niet met de modernste medicijnen? Maar vele mensen steunen eerder op zichzelf dan op God, wanneer ze verschillende problemen tegenkomen. Ze steunen op hun eigen denken, ervaringen en kennis. Maar wanneer ze nog niet succesvol zijn en nog steeds problemen tegenkomen, mopperen zij tegen God, ondanks dat ze niet in God geloven. Dat komt omdat er arrogantie in hun hart is. Vanwege die arrogantie, belijden ze hun zwakheid niet en falen om nederig God te erkennen.

Wat nog erger is, is dat sommige gelovigen in God, eerder op de wereld steunen dan op God. God wil dat Zijn kinderen voorspoedig zijn en dat ze leven door Zijn hulp. Maar, wanneer u niet gewillig bent om uzelf te vernederen voor God in uw arrogantie, kan God u niet helpen. Dan, kunt u niet worden beschermt van de vijand duivel of voorspoedig worden op al uw wegen. Net zoals God zegt in Spreuken 18:12, *"Vóór de val is het hart van de mens hoogmoedig, maar ootmoed gaat vooraf aan de eer."* Het ding wat u laat falen en vernietigd is niets anders dan uw arrogantie.

God beschouwt de opgeblazen persoon als zijnde dwaas. Vergeleken met God die een troon maakte in de Hemel en een voetbank van het land, hoe klein is dan de tegenwoordigheid van de mens? Alle mensen zijn geschapen naar het beeld van God en wij zijn allemaal gelijk als de kinderen van God, of het nu een hoge of lage positie betreft. Ongeacht hoeveel dingen we hebben om over op te scheppen in deze wereld, het leven van deze wereld is slechts een ogenblik. Wanneer dit korte leven tot een einde komt, zal iedereen voor God worden geoordeeld. En we zullen worden verheven naar de Hemel overeenkomstig datgene wat we hebben gedaan in nederigheid op deze aarde. Het komt omdat de Here ons zal verhogen zoals Jakobus 4:10 zegt, *"Vernedert u voor de Here, en Hij zal u verhogen."*

Wanneer water in een kleine plas blijft, zal het stilstaan en vergaan en zullen er wormen in komen. Maar wanneer het water onophoudelijk neerwaarts stroomt, zal het uiteindelijk de zee bereiken en leven geven aan vele levende dingen. Op dezelfde manier, wanneer wij onszelf vernederen, zullen wij groot worden in de ogen van God.

Kenmerken van geestelijke liefde I

1. Het is lankmoedig
2. Het is goedertieren
3. Het is niet afgunstig
4. Het praalt niet
5. Het is niet opgeblazen

6. Liefde kwetst niemands gevoel

'Manieren' of 'Etiquette' is de sociale juiste manier van handelen, wat de houdingen en gedragingen van mensen tegenover anderen betreft. De verschillende culturele etiquette hebben brede verscheidenheid in vormen in het alledaagse leven, zoals de etiquette in onze gesprekken, dineren, of het gedrag in openbare plaatsen zoals theaters.

Gepaste manieren zijn een belangrijk deel van ons leven. Sociale aanvaardbare gedragingen die gepast zijn in elke plaats en gelegenheid, zouden normaal gesproken aangename indrukken moeten maken op anderen. Integendeel, wanneer we geen gepast gedrag tonen, en wij de basis etiquette negeren, dan kan het ongemak veroorzaken voor de mensen om ons heen. Bovendien, wanneer wij zeggen dat wij iemand liefhebben, maar de gevoelens van die persoon kwetsen, dan is het moeilijk voor die persoon om te geloven dat we hem echt liefhebben.

Het *Merriam-Webster's Online Woordenboek* verwijst naar 'ongepast' als 'niet in overeenkomst met de standaards die passen bij iemands positie of staat van leven'. Hier zijn ook vele soorten van culturele etiquette standaards in ons alledaagse leven zoals bij het groeten en tijdens gesprekken. Tot onze verbazing, zijn vele mensen zich onbewust dat ze ongepast handelen naar degenen die dicht bij hen leven. Dat komt omdat wanneer wij ons aangenaam voelen bij sommige personen, we de neiging hebben om ruw of zonder gepaste etiquette te handelen.

Maar wanneer wij echte liefde hebben, zullen wij nooit ongepast handelen. Veronderstel dat u een heel waardevol en mooi juweel hebt. Zou u er dan zorgeloos mee omgaan? U zou er heel voorzichtig en zorgzaam mee omgaan, zodat het niet breekt, beschadigd of verloren raakt. Op dezelfde wijze, als u echt van iemand houdt, hoe kostbaar zou u hem dan moeten behandelen?

Er zijn twee situaties van ongepast handelen: God beledigen en mensen beledigen.

God beledigen

Zelfs onder degenen die in God geloven en zeggen dat ze God liefhebben, wanneer we hun daden zien en hun woorden horen, zijn velen ver weg van het liefhebben van God. Bijvoorbeeld, het indutten tijdens de diensten is een van de ergste vormen van belediging voor God.

Indutten tijdens de aanbiddingsdienst is hetzelfde als indutten in de tegenwoordigheid van God Zelf. Het zou nogal beledigend zijn om voor de president van een land of de CEO van een bedrijf in te dutten. Hoe ongepast is het dan wel niet om in te dutten voor God? Het zou heel twijfelachtig overkomen als u dan nog belijdt dat u van God houd. Of, veronderstel dat u een ontmoeting hebt met een geliefde en u valt in slaap voor die persoon. Hoe kunt u dan zeggen dat u werkelijk van die persoon houdt?

Ook, wanneer u een persoonlijk gesprek hebt met mensen die naast u zitten tijdens een aanbiddingsdienst of wanneer u aan het dagdromen bent, ook dat is een beledigende handeling. Zo'n gedrag is een teken dat de aanbidder gebrek aan eerbied en liefde voor God heeft.

Zo'n gedrag beïnvloedt ook de predikers. Veronderstel dat er een gelovige is, die met de persoon naast hem zit te praten, of hij heeft ijdele gedachten of valt in slaap. Dan, kan de prediker zich misschien afvragen of de boodschap niet genadevol genoeg is. Hij kan de inspiratie van de Heilige Geest verliezen, zodat hij niet meer in staat is om in de volheid van de Geest te spreken. Al deze handelingen zullen uiteindelijk nadeel veroorzaken ook voor de andere aanbidders.

Het is ook zo met het verlaten van het heiligdom in het midden van de dienst. Natuurlijk zijn er sommige vrijwilligers die naar buiten moeten gaan om hun plichten te vervullen om te helpen tijdens de aanbiddingsdiensten. Echter, behalve in heel bijzondere gevallen is het alleen maar gepast om weg te gaan wanneer de dienst volledig is geëindigd. Sommige mensen denken, "We kunnen alleen maar naar de boodschap luisteren," en weggaan vlak voor de samenkomst uit is, maar ook dit is een beledigende handeling.

Een hedendaagse aanbiddingsdienst is vergelijkbaar gelijkwaardig met een brandoffer uit het Oude Testament. Wanneer zij brandoffers brachten, moesten zij de dieren in stukken snijden en dan alle delen verbranden (Leviticus 1:9).

Dit, in de hedendaagse zin, betekent dat we een gepaste en volledige aanbiddingsdienst moeten offeren, van he begin tot het einde, overeenkomstig tot een bepaalde vorm van formaliteiten en handelwijzen. We moeten elke volgorde van de aanbiddingsdienst volgen met ons hele hart, beginnend met het stille gebed totdat we eindigen met de zegen of het Onze Vader. Wanneer we lof zingen of bidden, of zelfs tijdens het offeren en de mededelingen, moeten we onze hele hart geven. Buiten de officiële gemeente dienst, moeten wij in elke soort van gebedsdienst, lofprijs- en aanbiddingdienst, of huisgroep dienst, offeren met ons hele hart.

Om God te aanbidden met ons hele hart, moeten we allereerst niet te laat komen voor de samenkomst. Het is ongepast om te laat op een afspraak te komen met andere mensen, en hoe onbeleefd is het dan wel niet om te laat te komen voor een afspraak met God? God wacht altijd op de plaats van aanbidding om onze aanbidding te aanvaarden.

Daarom, zouden we niet alleen maar moeten komen vlak voor de samenkomst begint. Het is beleefd om vroeger te komen en in bekering te bidden en u voor te bereiden op de dienst. Bovendien, is het gebruik van een mobiele telefoon tijdens de aanbiddingsdienst, of het laten spelen en rennen van kinderen tijdens een dienst, ongepast. Het eten van kauwgum of voedsel tijdens de aanbiddingdienst valt ook onder de categorie van ongepast handelen.

De persoonlijke verschijning die u hebt voor de aanbidding, is ook heel belangrijk. Normaal gesproken is het niet gepast, om naar de kerk te komen met de kleren die u thuis draagt of op het werk. Dat komt omdat de kledij een manier is om ons eerbied en respect uit te drukken aan andere mensen. Kinderen van God, die echt in God geloven, weten hoe kostbaar God is. Dus, wanneer zij komen om Hem te aanbidden, komen zij in de schoonste kledij die zij hebben.

Natuurlijk kunnen er uitzonderingen zijn. Voor de woensdag dienst of de vrijdagnacht dienst, komen vele mensen rechtstreeks van hun werk. Terwijl zij zich haasten om op tijd te komen, mogen zij in hun werkkledij komen. In dit geval, zal God niet zeggen dat zij ongepast handelen, maar Hij zal zich in plaats daarvan verheugen, omdat Hij het aroma van het hart ontvangt, terwijl zij hun best doen om op tijd te komen voor de aanbiddingdienst, ondanks dat ze het druk hebben met hun werk.

God wil een liefdevolle relatie met ons hebben door de aanbiddingdiensten en gebeden. Dit zijn plichten die de kinderen van God moeten doen. Vooral, gebed is het communiceren met God. Soms, terwijl anderen bidden, tikt iemand hen aan, om hun gebed te stoppen, omdat er een noodgeval is.

Dit is hetzelfde als andere mensen storen wanneer ze een gesprek hebben met hun senioren. Ook, wanneer u bidt, wanneer u uw ogen opent en onmiddellijk stopt met bidden omdat iemand u roept, is dat ook ongepast handelen. In zo'n geval zou u het gebed eerst moeten eindigen, en dan antwoorden.

Wanneer wij onze aanbidding en gebeden offeren in geest en waarheid, geeft God ons zegeningen en beloningen terug. Hij antwoordt onze gebeden veel sneller. Dat komt omdat Hij de geur van ons hart met welgevallen ontvangt. Maar wanneer wij ongepaste daden voor een jaar, twee jaar of zo verder opstapelen, zal het een muur van zonde maken tussen u en God. Zelfs tussen een man en een vrouw of tussen ouders en kinderen, wanneer een relatie verder gaat zonder liefde, zullen er vele problemen zijn. Zo is het ook met God. Wanneer wij een muur hebben gemaakt tussen ons en God, kunnen wij niet worden beschermt van ziekten of ongelukken, en kunnen we allerlei moeilijkheden tegenkomen. We ontvangen misschien geen antwoorden op onze gebeden, zelfs wanneer we gedurende een lange periode ervoor bidden. Maar, wanneer wij een goede houding hebben in de aanbiddingdienst en tijdens het bidden, kunnen wij vele soorten van problemen oplossen.

De gemeente is het Heilige huis van God

De gemeente is een plaats waar God verblijft. Psalm 11:4 zegt, *"De Here woont in zijn heilig paleis, de Here heeft in de hemel zijn troon."*

In het Oude Testament, kon niet zomaar iedereen binnentreden in de heilige plaats. Alleen de priesters mochten naar binnen gaan. Slechts een keer per jaar mocht alleen de hogepriester het Heilige der heiligen binnen gaan, in de Heilige plaats. Maar vandaag, door de genade van onze Here, kan iedereen het heiligdom binnengaan en Hem aanbidden. Dat komt omdat Jezus ons heeft verlost van onze zonden met Zijn bloed, zoals geschreven staat in Hebreeën 10:19, *"Daar wij dan, broeders, volle vrijmoedigheid bezitten om in te gaan in het heiligdom door het bloed van Jezus."*

Het heiligdom betekent niet alleen de plaats waar we aanbidden. Het is elke plaats binnen de grenzen die de kerk omvat, inclusief de tuin en de andere faciliteiten. Daarom, waar we ook zijn in de kerk, wij moeten voorzichtig zijn zelfs met kleine woorden en daden. We moeten niet boos worden en ruzie maken, of over werelds vermaak of zaken spreken in het heiligdom. Het is ook zo met het onvoorzichtig omgaan met de heilige dingen van God in de kerk, of om ze te beschadigen, breken of te verkwisten.

Vooral het kopen of verkopen van dingen in de kerk is onaanvaardbaar. Vandaag, met de ontwikkelingen van internet winkelen, betalen sommige mensen voor datgene wat ze kopen via internet in de kerk, en ontvangen het voorwerp in de kerk. Dit is zeker een zakelijke transactie. We moeten herinneren dat Jezus de tafels van de geldwisselaars omver gooide, en allen die dieren verkochten om te offeren verdreef. Jezus aanvaardde zelfs de dieren niet, die bedoeld waren om te worden geofferd, om in de Tempel te worden verkocht. Daarom moeten wij niets kopen of verkopen in de kerk voor persoonlijke noden. Het is ook zo met het houden van een markt in de tuin van de kerk.

Alle plaatsen in de kerk moeten apart worden gezet voor het aanbidden van God en het hebben van gemeenschap met de broeders en zusters in de Here. Wanneer wij bidden en vaak samenkomsten hebben in de kerk, zouden wij voorzichtig moeten zijn, dat we niet ongevoelig worden voor de heiligheid van de kerk. Wanneer wij van de kerk houden, zullen wij niet ongepast handelen in de kerk, zoals geschreven staat in Psalm 84:11, *"Want één dag in uw voorhoven is beter dan duizend (elders); ik wil liever staan aan de drempel van het huis mijns Gods dan verblijven in de tenten der goddeloosheid."*

Onbeleefd handelen tegen mensen

De Bijbel zegt dat degenen die zijn broeder niet liefheeft, ook God niet kan liefhebben. Wanneer wij onbeleefd handelen tegen andere mensen, die zichtbaar zijn, hoe kunnen we dan uiterst respect hebben voor God, die onzichtbaar is?

> *"Indien iemand zegt: Ik heb God lief, doch zijn broeder haat, dan is hij een leugenaar; want wie zijn broeder, die hij gezien heeft, niet liefheeft, kan (ook) God, die hij niet gezien heeft, niet liefhebben"* (1 Johannes 4:20).

Laat ons eens kijken naar ordinaire, onbeleefde handelingen in ons dagelijkse leven, waar we gemakkelijk in falen om er op te letten. Normaal, wanneer wij ons eigen voordeel zoeken zonder te denken aan de positie van anderen, zullen er vele ruwe handelingen gebruikt worden. Bijvoorbeeld, wanneer we aan de telefoon spreken, hebben wij ons te houden aan een etiquette. Wanneer wij iemand laat in de avond bellen of 's nachts of gedurende een lange tijd met een persoon praten die het heel druk heeft, dan veroorzaken wij schade aan hem. Te laat komen op een afspraak of onverwachts iemand thuis bezoeken of onaangekondigd aankomen, zijn ook voorbeelden van onbeleefdheid.

Iemand denkt misschien, "We zijn zo goed bevriend en is het dan niet te formeel om zo te denken over dingen tussen ons?" U hebt misschien een hele goede relatie om alle dingen over die andere persoon te begrijpen. Maar nog steeds is het moeilijk om het andere hart voor 100% te begrijpen. We denken misschien dat we onze vriendschap uitdrukken aan die andere persoon, maar hij ziet dat misschien heel anders. Daarom, zouden wij moeten proberen te denken vanuit het standpunt van anderen. We zouden vooral voorzichtig moeten zijn om niet onbeleefd te handelen tegen een ander persoon, wanneer deze dichtbij is en aangenaam voor ons is.

Vele keren spreken of handelen we misschien onvoorzichtig, waardoor we de gevoelens van die mensen, die het dichtst bij ons staan, kwetsen of aanstoot geven. We handelen ruw tegen familieleden of goede vrienden op die manier, en uiteindelijk worden de relaties onnatuurlijk en kunnen heel slecht worden. Ook, sommige oudere mensen handelen onbeleefd tegen jongere mensen of degenen die een lagere positie hebben. Ze spreken zonder respect, of hebben een bevelende houding, die ervoor zorgt dat anderen zich ongemakkelijk voelen.

Maar vandaag, is het heel moeilijk om mensen te vinden die met hun hele hart hun ouders, leraars of oudere mensen dienen, die we zeker zouden moeten dienen. Sommigen zeggen misschien dat de situaties zijn veranderd, maar er is nooit iets veranderd. Leviticus 19:32 zegt, *"Voor het grijze haar zult gij opstaan en aan de oude zult gij eer bewijzen en voor uw God zult gij vrezen: Ik ben de Here."*

De wil van God voor ons is om onze hele plicht te vervullen, zelfs onder de mensen. Gods kinderen zouden de wetten en regels van deze wereld moeten onderhouden, en niet onbeleefd zijn. Bijvoorbeeld, wanneer wij oproer veroorzaken in een openbare plaats, op straat spugen, of de verkeersregels overtreden, dan is dat onbeleefd handelen tegen vele mensen. Wij zijn christenen en wij behoren het licht en het zout van de wereld te zijn, en dus zouden wij heel aandachtig moeten zijn met onze woorden, daden en gedragingen.

De wet van liefde is de uiterste standaard

De meeste mensen spenderen de meeste tijd met andere mensen, ontmoeten en praten met hen, eten met hen, en werken met hen. Tot die mate, zijn er vele culturele etiquette in ons alledaagse leven. Maar iedereen heeft een andere graad van opvoeding, en de culturen zijn verschillend in andere landen en onder andere rassen. Wat zou dan de standaard van onze manieren moeten zijn?

Het is de wet van liefde die in ons hart is. De wet van liefde verwijst naar God, die de liefde zelf is. Dat betekent, tot de mate dat we het Woord van God in ons inprenten en het uitoefenen, zullen wij de houdingen van de Here hebben en niet onbeleefd handelen. Een andere betekenis in de wet van liefde is "inachtneming."

Een man probeerde zijn weg te vinden tijdens een donkere nacht met een lamp in zijn hand. Een andere man ging ook op weg, maar in de tegenovergestelde richting, en toen hij de man met de lamp zag, merkte hij op dat hij blind was. Dus hij vroeg hem, waarom hij een lamp met zich meedroeg, terwijl hij toch niets kon zien. Toen zei hij, "Dat doe ik omdat u niet tegen mij aan zou lopen. Deze lamp is voor u." We kunnen in dit verhaal een gevoel van inachtneming zien.

In acht nemen van anderen, ondanks dat het alledaags lijkt te zijn, heeft de grote kracht om de harten van mensen te bewegen. Onbeleefd handelen komt omdat we anderen niet in acht nemen, wat betekent dat er een gebrek aan liefde is. Wanneer wij werkelijk van anderen houden, zullen wij altijd de anderen in acht nemen en niet onbeleefd handelen.

In de landbouw, wanneer teveel minderwaardige vruchten worden verwijderd onder de vruchten, dan zullen alle volgroeide vruchten de voedingsstoffen opnemen, waardoor de schil uiterste dik is de smaak ook niet goed zal zijn. Wanneer wij anderen niet in acht nemen, dan genieten we misschien een ogenblik van alle dingen die beschikbaar zijn, maar we zullen gauw onsmakelijk en mensen worden met een dikke huid zoals de vruchten die overvoed zijn.

Daarom, net zoals Kolossenzen 3:23 zegt, *"Wat gij ook doet, verricht uw werk van harte, als voor de Here en niet voor mensen"* zouden wij iedereen moeten dienen met het uiterste respect, zoals we ook de Here dienen.

7. Liefde zoekt zichzelf niet

In deze moderne wereld, is het niet zo moeilijk om zelfzucht te vinden. Mensen zoeken hun eigen voordeel en niet het goede voor het publiek. In sommige landen doen ze schadelijke chemicaliën in de poedermelk, wat voor baby's is bedoeld. Sommige mensen veroorzaken grote schade aan hun eigen land door technologie te stelen dat heel belangrijk is voor het land.

Mede door "het is niet mijn achtertuin" probleem, is het moeilijk voor de overheid om openbare plaatsen te bouwen zoals stortplaatsen of openbare crematoriums. Mensen zorgen niet meer voor het welzijn van andere mensen, maar alleen maar om hun eigen welzijn. Ondanks dat het niet zo extreem is als in deze gevallen, kunnen we vele zelfzuchtige handelingen vinden in ons dagelijkse leven.

Bijvoorbeeld, sommige collega's of vrienden gaan samen uiteten. Ze moeten kiezen wat ze gaan eten, en één van hen blijft volhouden bij dat wat hij wil eten. Een ander persoon volgt wat deze persoon wil, maar hij voelt er zich niet goed over. Nog een ander persoon vraagt steeds eerst de mening van anderen. Dan, of hij het soort van eten al dan niet lekker vindt, dat de anderen hebben gekozen, eet hij het toch altijd op met vreugde. Tot welke categorie behoort u?

Een groep mensen heeft een vergadering om een evenement voor te bereiden. Ze hebben verschillende meningen beschikbaar. Een persoon blijft proberen om de anderen te overtuigen tot ze met hem overeenstemmen. Een ander persoon houdt niet zo vast aan zijn mening, maar wanneer hij de mening van iemand anders niet leuk vindt, toont hij tegenzin, maar aanvaardt het wel.

Weer andere mensen luisteren altijd naar anderen wanneer zij hun meningen geven. En zelfs wanneer hun eigen idee anders is dan die van hen, probeert hij het toch te volgen. Zo'n verschil komt door de hoeveelheid liefde die ieder in zijn hart heeft.

Wanneer er een conflict van meningen is, die leidt tot ruzie of argumenten, dan komt dat omdat mensen zichzelf zoeken, en alleen maar blijven volhouden aan hun eigen meningen. Wanneer een getrouwd koppel, maar enkel blijft vasthouden aan hun eigen meningen, zullen zij constant botsen, en zij zullen niet in staat zijn om elkaar te begrijpen. Ze kunnen vrede hebben, als zij zich overgeven en elkaar begrijpen, maar de vrede wordt regelmatig verbroken, omdat ze allebei blijven vasthouden aan hun eigen meningen.

Wanneer wij iemand liefhebben, zullen wij meer voor die persoon zorgen dan voor onszelf. Laat ons eens kijken naar de liefde van ouders. De meeste ouders denken eerst aan hun kinderen en dan pas aan zichzelf. Dus, de moeder hoort liever "uw dochter is zo schattig" dan "u bent zo mooi."

Ze zijn eerder gelukkig wanneer hun kinderen goed eten, dan wanneer zij zelf lekker eten eten. Ze hebben liever dat hun kinderen goed gekleed rondlopen dan zij zelf. Ook, willen ze dat hun kinderen slimmer zijn dan zij. Ze willen dat hun kinderen erkend en geliefd worden door anderen. Wanneer we dit soort van liefde aan onze naaste en iedereen geven, hoe welgevallig zullen wij zijn voor God, de Vader!

Abraham zocht het voordeel
van anderen met liefde

Om de interesses van anderen voor die van onszelf te plaatsen, komt enkel door opofferende liefde. Abraham is een goed voorbeeld van een persoon die het voordeel van anderen liever zocht dan dat van zichzelf.

Toen Abraham zijn geboorteplaats verliet, volgde zijn neef, Lot hem. Lot ontving ook vele grote zegeningen dankzij Abraham en hij had ook veel dieren, zodat er niet voldoende water was om zowel de dieren van Abraham als Lot te drinken te geven. Soms, hadden de herders van beide partijen zelfs ruzie.

Abraham wilde niet dat de vrede verbroken werd, en hij gaf Lot het recht om eerst te kiezen, welk deel van het land hij wilde en hij zou dan het andere deel nemen. Het belangrijkste deel van het hoeden van kuddes is het gras en water. De plaats waar zij verbleven had niet genoeg gras en water voor alle kuddes, en om het betere land te willen was in zekere zin hetzelfde als het opgeven van datgene wat nodig was om te overleven.

Abraham kon zo'n grote consideratie hebben met Lot omdat Abraham hem zeer lief had. Maar Lot begreep niet echt deze liefde van Abraham; hij koos enkel het betere land, de vallei van de Jordaan en vertrok. Voelde Abraham zich ongemakkelijk toen Lot onmiddellijk koos, zonder te aarzelen, wat goed voor hem was? Helemaal niet! Hij was blij dat zijn neef het goede land nam.

God zag dit goede hart van Abraham en zegende hem zelfs nog meer dan voordat hij ging. Hij werd zo'n rijke man dat hij zelfs gerespecteerd werd door de koningen in het gebied. Zoals hier is weergegeven, zullen wij zeker zegeningen van God ontvangen, wanneer wij eerst het voordeel van anderen zoeken en niet dat van ons.

Wanneer wij iets geven van onszelf aan onze geliefden, zal de vreugde groter zijn dan wat maar ook. Het is een soort van vreugde dat alleen degenen die iets heel speciaal geven aan hun geliefden kunnen begrijpen. Jezus genoot met zo'n vreugde. Het grootste geluk kunnen we bezitten wanneer we volmaakte liefde ontwikkelen. Het is moeilijk om te geven aan degenen die ons haten, maar het is niet zo moeilijk om te geven aan degenen die we liefhebben. We kunnen gelukkig zijn in het geven.

Om te genieten van het grootste geluk

Volmaakte liefde maakt dat wij ons verheugen in het grootste geluk. En om volmaakte liefde te hebben zoals Jezus, moeten we meer aan anderen denken dan aan onszelf. Eerder dan onszelf, zouden onze buren, God, de Here, en de gemeente onze prioriteit moeten zijn, en als we dat doen, zal God voor ons zorgen. Hij geeft ons iets terug wat veel beter is, wanneer wij het voordeel van andere mensen zoeken. In de hemel zullen onze hemelse beloningen zijn opgestapeld. Dat is de reden waarom God zegt in Handelingen 20:35 *"Het is zaliger te geven dan te ontvangen."*

Hier zouden we over één ding heel duidelijk moeten zijn. We moeten geen gezondheidsproblemen voor onszelf veroorzaken door boven onze grens van lichamelijke kracht, getrouw te werken voor het koninkrijk van God. God zal ons hart aannemen, wanneer wij getrouw proberen te zijn boven onze grenzen. Maar ons lichaam heeft ook rust nodig. We zouden ook voor het welzijn van onze ziel moeten zorgen door te bidden, te vasten, en het woord van God te leren, en niet alleen door te werken voor de kerk.

Sommige mensen veroorzaken nadeel of schade aan hun gezinsleden of andere mensen door teveel tijd te spenderen aan religie of kerkactiviteiten. Bijvoorbeeld, sommige mensen kunnen hun plichten op het werk niet goed vervullen omdat ze aan het vasten zijn. Sommige studenten verwaarlozen misschien hun studies om deel te nemen aan zondagschool activiteiten.

In de bovenstaande gevallen, denken ze misschien dat ze niet hun eigen voordeel zoeken, omdat ze toch hard werken. Maar dat is niet echt waar. Ongeacht, het feit dat ze voor de Heer werken, zijn ze niet volkomen getrouw in geheel Gods huis, en dus betekent dat dat zij niet de volledige plicht vervullen als Gods kinderen. Uiteindelijk, zochten ze toch alleen hun eigen voordeel.

Wat zouden we moeten doen om het zoeken van ons eigen voordeel te vermijden in alle dingen? We moeten steunen op de Heilige Geest. De Heilige Geest, die het hart van God is, leidt ons naar de waarheid. We kunnen alleen leven voor de glorie van God, als we alles doen onder de leiding van de Heilige Geest, net zoals de Apostel Paulus zei, *"Of gij dus eet of drinkt, of wat ook doet, doet het alles ter ere Gods"* (1 Korintiërs 10:31).

Om in staat te zijn om het bovenstaande te doen, moeten wij alle zonden uit ons hart verwerpen. Bovendien, wanneer wij ware liefde in ons hart ontwikkelen, zal de wijsheid van goedheid over ons komen, zodat we de wil van God in elke situatie kunnen onderscheiden. Zoals hierboven, wanneer onze ziel voorspoedig is, gaan alle dingen goed met ons en zullen wij gezond zijn, zodat we getrouw kunnen zijn aan God tot de uiterste mate. We zullen dan ook geliefd zijn door onze buren en familieleden.

Wanneer pasgetrouwden mijn gebed van zegen komen ontvangen, bid ik altijd voor hen dat ze het voordeel van de ander eerst zullen zoeken. Wanneer ze beginnen om hun eigen voordeel eerst te zoeken, zullen zij niet in staat zijn om een vredevol gezin te hebben.

We kunnen het voordeel van degenen die we liefhebben zoeken of aan degenen die ons voordeel kunnen brengen. Maar wat over degenen die ons een moeilijke tijd geven in elke zaak en altijd hun eigen voordeel zoeken? En wat met degenen die ons schade toebrengen of schade laten lijden, of degenen die ons geen voordeel kunnen brengen? Hoe handelen we naar degenen die in de leugen handelen en altijd kwade woorden spreken?

In die gevallen, als wij ze ontwijken of niet gewillig zijn om voor hen te offeren, betekent dat dat we nog steeds ons eigen voordeel zoeken. We behoren in staat te zijn om onszelf op te offeren en onszelf weg te geven aan die mensen die andere ideeën hebben dan ons. Alleen dan kunnen we beschouwd worden als personen die geestelijke liefde uitdelen.

8. Liefde wordt niet verbitterd

Liefde maakt het hart van de mensen positief. Aan de andere kant, maakt boosheid het hart van iemand negatief. Boosheid kwetst het hart en maakt het duister. Dus wanneer u boos wordt, kunnen we niet in de liefde van God verblijven. De grootste valkuil die de vijand duivel en satan gebruiken tegen Gods kinderen zijn haat en boosheid.

Bitter zijn is niet alleen maar boos worden, schreeuwen, vloeken en gewelddadig worden. Wanneer uw gezicht gewrongen wordt, of uw gezicht van kleur veranderd, en uw manier van spreken kortaf worden, zijn dat allemaal delen van handelen in bitterheid. Ondanks dat de grote in elk geval anders is, het is toch een uiterlijke uitdrukking van haat en slechte gevoelens in het hart. Maar dan, enkel bij het zien van iemands verschijning, zouden wij de ander niet moeten oordelen of veroordelen denkende dat hij boos is. Het is niet voor iedereen gemakkelijk om het hart van een ander persoon precies te begrijpen.

Jezus verdreef eens degenen uit de tempel die dingen verkochten. De verkopers hadden tafels geplaatst en wisselden geld of verkochten kleinvee aan de mensen die naar de Tempel van Jeruzalem waren gekomen om het Pesah te zien. Jezus is zo vriendelijk; Hij maakt geen ruzie of schreeuwt niet, en niemand zal Zijn stem op de straten horen. Maar ziende dit tafereel, veranderde Zijn houding heel anders dan normaal.

Hij maakte een zweep van een stuk touw en verdreef de schapen, koeien en andere offers. Hij keerde de tafels van de geldwisselaars en duiven verkopers om. Toen de mensen om Hem heen deze Jezus zagen, hebben ze misschien gedacht dat Hij boos was. Maar op dat moment, was het geen boosheid vanuit een slecht gevoel zoals haat. Hij had enkel rechtvaardige verontwaardiging. Door Zijn rechtvaardige verontwaardiging, liet Hij ons beseffen dat het verontreinigen van de tempel echt niet kon. Dit soort van rechtvaardige verontwaardiging is het resultaat van de liefde van God, die de liefde vervolmaakt met Zijn gerechtigheid.

Het verschil tussen rechtvaardige verontwaardiging en boosheid

In Marcus hoofdstuk 3, genas Jezus op de Sabbat een man in de synagoge met een verschrompelde hand. Mensen keken naar Jezus om te zien of Hij een persoon op Sabbat zou genezen zodat ze Hem konden beschuldigen van het overtreden van de Sabbat. Op dat moment, kende Jezus de harten van de mensen en vroeg, *"Is het geoorloofd op de sabbat goed te doen of kwaad te doen, een leven te redden of te doden?"* (Marcus 3:4).

Hun intentie werd geopenbaard, en zij konden verder niets meer zeggen. Jezus' boosheid was tegen hun verhardde harten.

> *En nadat Hij hen, zeer bedroefd over de verharding van hun hart, rondom Zich met toorn had aangezien, zeide Hij tot de mens: Strek uw hand uit! En hij strekte haar uit en zijn hand werd weder gezond* (Marcus 3:5).

In die tijd, probeerden de slechte mensen alleen maar om Jezus, die alleen maar goede werken deed, te veroordelen en te doden. Dus, soms, gebruikte Jezus sterke uitdrukkingen voor hen. Het was om hen tot besef te brengen en dat ze zich zouden afkeren van de weg van de vernietiging. Evenzo, kwam de rechtvaardige verontwaardiging van Jezus afkomstig van Zijn liefde. Deze verontwaardiging maakte soms mensen wakker en leidde hen tot het leven. Het is op deze manier dat bitterheid en rechtvaardige verontwaardiging totaal verschillend van elkaar zijn. Alleen wanneer iemand geheiligd is en geen zonde meer heeft, geven zijn bestraffingen en vermaningen leven aan zielen. Maar zonder de heiliging van het hart, kan niemand dit soort van vrucht dragen.

Er zijn verschillende redenen waarom mensen boos worden. Ten eerste, komt het omdat de ideeën van mensen en dat wat zij wensen totaal verschillend zijn van elkaar. Iedereen heeft verschillende familie achtergronden en opvoeding, zo ook hun harten en gedachten, en hun standaard van oordelen zijn allemaal van elkaar verschillend. Maar zij proberen hun eigen gedachten passend te maken met die van anderen, en in dit proces worden zij verhard in hun gevoelens.

Veronderstel dat de man van zout eten houdt terwijl de vrouw daar niet van houdt. De vrouw kan zeggen, "Te veel zout is niet goed voor uw gezondheid, en u zou maar een beetje zout moeten eten." Ze geeft dit advies voor de gezondheid van haar man. Maar als de man dit niet wil, zou ze er niet aan moeten vasthouden. Ze zouden een manier moeten vinden waarbij ze allebei aan elkaar toegeven. Ze kunnen een gelukkig gezin hebben als ze dat samen proberen.

Ten tweede, een persoon kan boos worden, wanneer anderen niet naar hem luisteren. Als hij ouder is of in een hogere positie, wil hij dat anderen hem gehoorzamen. Natuurlijk, is het correct om de ouderen te respecteren en degenen die in een leidinggevende positie staan te gehoorzamen in de juiste hiërarchie, maar het is niet correct wanneer deze mensen de anderen die in een lagere positie staan, dwingen om te gehoorzamen.

Er zijn gevallen waarbij een persoon in een hogere positie totaal niet luistert naar de ondergeschikten, maar alleen maar wil dat ze zijn woorden onvoorwaardelijk volgen. In andere gevallen, worden mensen boos wanneer ze oneerlijk worden behandeld. Bovendien, iemand kan boos worden wanneer mensen hem kwaad doen, zonder enige reden, of wanneer dingen niet gedaan zijn zoals ze zijn gevraagd of geïnstrueerd; of wanneer mensen hem vervloeken of beledigen.

Voordat ze boos worden, hebben mensen eerst al een norse houding in hun hart. Woorden of daden van anderen stimuleren deze gevoelens van hen alleen nog maar meer. Uiteindelijk komt het geïrriteerde gevoel eruit als boosheid. Gebruikelijk is het hebben van dit norse gevoel de eerste stap naar boosheid. We kunnen niet in de liefde van God verblijven en onze geestelijke groei wordt ernstig verhinderd wanneer wij boos worden.

We kunnen onszelf niet veranderen met de waarheid zolang wij norsheid hebben, en we moeten ook alle bitterheid wegdoen, en de boosheid verwerpen. 1 Korintiërs 3:16 zegt, *"Weet gij niet, dat gij Gods tempel zijt en dat de Geest Gods in u woont?"*

Laat ons beseffen dat de Heilige Geest ons hart ziet als de tempel en dat God altijd naar ons kijkt, zodat we niet verbitterd worden, enkel omdat sommige dingen niet overeenkomen met onze eigen ideeën.

De boosheid van een mens volbrengt niet de gerechtigheid van God

Laat ons kijken naar het geval van Elisa, die een dubbel deel van zijn leraar, Elia's geest, ontving en meer werken van Gods kracht verrichtte. Hij gaf een onvruchtbare vrouw de zegen van conceptie; hij wekte een dood persoon op, genas melaatsen, en versloeg het leger van de vijand. Hij veranderde ondrinkbaar water in goed water door er zout in te doen. Niettemin, stierf hij aan een ziekte, wat zeldzaam was voor een grote profeet van God.

Wat kon de reden daarvan zijn? Het was toen hij op weg was naar Bethel. Een groep jonge knapen kwamen uit de stad en bespotten hem, want hij had niet veel haar en zijn verschijning was ook niet zo mooi. *"Kom op, kaalkop! Kom op, kaalkop!"* (2 Koningen 2:23).

Het waren er niet een paar, maar vele knapen volgden en bespotten Elisa, en hij werd in verlegenheid gebracht. Hij adviseerde hen en gaf ze een uitbrander, maar ze wilden niet luisteren. Ze waren zo hardnekkig in het geven van een moeilijke tijd aan de profeet, en het werd ondragelijk voor Elisa.

Bethel was van eigen bodem een plaats van afgoderij, in het Noordelijk deel van Israël na de splitsing van de natie. De knapen in dat gebied moeten verharde harten hebben gehad, mede door de omgeving van afgoderij. Ze hebben de weg misschien verhinderd, gespuwd op Elisa, of zelfs stenen naar hem gegooid.

Elisa vervloekte hen uiteindelijk. Twee berinnen kwamen uit de bossen en doodden de tweeënveertig knapen.

Natuurlijk hebben ze het over zichzelf laten komen, door de grens te overschrijden in het spotten met de man van God, maar het bewijst ook dat Elisa slechte gevoelens had. Het doet daarom niet ter zake dat hij stierf aan een ziekte. We kunnen zien dat het niet goed is voor de kinderen van God om verbitterd te zijn. *"Want de toorn van een man brengt geen gerechtigheid voor God voort"* (Jakobus 1:20).

Om niet verbitterd te zijn

Wat moeten we doen om niet boos te worden? Moeten we het onderdrukken met zelfbeheersing? Wanneer wij een bron hard dichtduwen, krijgt het grote kracht om terug te springen en zal het opspringen op het moment dat we onze hand verwijderen. Zo is het ook met boosheid. Wanneer we het alleen onderdrukken, zijn we misschien wel in staat om het conflict te ontwijken op dat moment, maar het zal vroeg of laat toch exploderen. Daarom om niet verbitterd te worden, moeten we afrekenen met de gevoelens van boosheid zelf. We zouden het niet alleen moeten onderdrukken, maar onze boosheid moeten veranderen in goedheid en liefde, zodat we niets moeten onderdrukken.

Natuurlijk, kunnen we niet alle slechte gevoelens in een keer verwerpen en ze vervangen met goedheid en liefde. We moeten het voortdurend, dag aan dag proberen. Eerst, wanneer er een prikkelende situatie is, moeten we de situatie aan God overlaten en geduldig zijn. Er werd in een studie van Thomas Jefferson, de derde President van de Verenigde Staten, geschreven, "Wanneer u boos wordt, tel dan eerst tot tien voordat u spreekt, en wanneer u heel boos bent, tot honderd." Een Koreaans gezegde gaat als volgt, "Drie keer geduld hebben, zal een moord stoppen."

Wanneer we boos worden, zouden we ons moeten terugtrekken en even moeten nadenken over de voordelen dat het voort zal brengen wanneer we boos worden. Dan zullen we niets gedaan hebben waarover we spijt hebben of ons over schamen. Als we proberen om geduldig te zijn door gebed en de hulp van de Heilige Geest, zullen wij spoedig de slechte gevoelens van boosheid verwerpen. Als we tien keer boos werden voorheen, zal het aantal afnemen naar negen, en dan acht en zo verder. Later zullen we alleen maar vrede hebben, zelfs in prikkelende situaties. Hoe gelukkig zullen we dan wel niet zijn!

Spreuken 12:16 zegt, *"Een dwaas maakt zijn ergernis aanstonds bekend, maar een schrandere bedekt de smaad,"* en Spreuken 19:11 zegt, *"Des mensen verstand maakt hem lankmoedig, het is zijn eer een overtreding voorbij te zien."*

'Boosheid' (anger) is slechts één "D" verwijderd van "gevaar" (danger). We mogen in staat zijn om te beseffen hoe gevaarlijk het is om boos te worden. De uiteindelijke overwinnaar zal degene zijn die verdraagt. Sommige mensen oefenen zelfbeheersing wanneer ze in de kerk zijn, zelfs in situaties die hen boos maken, maar ze worden thuis, op het werk of school gemakkelijk boos. God bestaat niet alleen in de kerk.

Hij kent ons zitten en staan, en elk woord dat we zeggen en elke gedachte die we hebben. Hij kijkt overal naar ons, en de Heilige Geest verblijft in onze harten. Daarom moeten we leven alsof we altijd voor God staan.

Een bepaald koppel dat was getrouwd, had een argument, en de boze man schreeuwde naar zijn vrouw dat ze haar mond moest houden. Ze was zo geschrokken dat ze haar mond nooit meer heeft open gedaan om te spreken tot ze stierf. De man die zijn woedeaanval naar zijn vrouw wierp, alsook de vrouw leden hier erg onder. Bitterheid maakt dat vele mensen lijden, en wij zouden moeten streven om af te rekenen met alle soorten van slechte gevoelens.

9. Liefde rekent het kwade niet toe

In het leiden van mijn bediening, heb ik een ruime variatie van mensen tegengekomen. Sommige mensen voelen de emoties van Gods liefde, enkel door aan Hem te denken en beginnen te huilen, terwijl anderen moeite hebben in hun harten omdat ze de liefde van God niet diep voelen in hun hart, ondanks dat ze geloven en Hem liefhebben.

Tot de mate waarin wij de liefde van God voelen hangt af van de mate waarin wij de zonden en slechtheid hebben verworpen. Tot de mate dat wij leven door het Woord van God en de zonde vanuit ons hart verwijderen, kunnen wij de liefde van God diep in ons hart voelen zonder dat er een blokkering is in de groei van ons geloof. We mogen soms wel eens moeilijkheden tegenkomen in onze wandel van geloof, maar in die tijden zullen wij de liefde van God herinneren, die altijd op ons wacht. Zoals we Zijn liefde herinneren, zullen wij het kwade niet toerekenen.

Het kwade toerekenen

In zijn boek *Verborgen verslavingen genezen,* zei Dr. Archibald D. Hart, een voormalig decaan van de School van Psychologie aan de Fuller Theological Seminary, dat een op de vier jongeren in Amerika in een ernstige depressie is, en dat depressie, drugs, seks, internet, alcohol, en roken de levens van de jonge mensen vernietigd.

Wanneer verslaafden stoppen met het gebruiken van de

stoffen, die verandering brengen in hun denken, gevoelens en gedragingen, blijven ze misschien achter waarbij ze weinig of niets aankunnen. De verslaafde kan terugkeren naar andere verslavende gedragingen, die de hersenen scheidkundig manipuleren tot vluchten. Deze verslavende gedragingen zijn inclusief seks, liefde en relaties (SLR). Ze vinden in niets echte bevrediging, en noch kunnen zij de genade en vreugde voelen die komt vanuit een relatie met God, en ze zijn dus ernstig ziek, overeenkomstig Dr. Hart. Verslaving is een poging tot het verkrijgen van bevrediging door andere dingen dan de genade en vreugde die gegeven wordt door God, en het is een gevolg van het negeren van God. Een verslaafde, zal over het algemeen altijd denken dat ze onterecht lijden.

Wat is nu onterecht lijden? Het verwijst naar alle slechte dingen, welke niet overeenkomstig de wil van God zijn. Denken over het kwade kan over het algemeen worden onderverdeeld in drie soorten.

De eerste is uw denken dat u wilt dat er iets verkeerd gaat met andere mensen.
Bijvoorbeeld, laat ons zeggen dat u met iemand ruzie hebt. Dan haat u hem zo erg dat u als volgt denkt, "Ik wens dat hij struikelt en valt." Laat ons ook zeggen dat u geen goede relatie hebt met uw buren, en er gebeurt iets ernstigs met hem. Dan denkt u misschien, "Goed voor hem!" of "Ik wist dat het zou gebeuren!" In het geval van studenten, kan een bepaalde student willen dat een klasgenoot zijn examen niet zo goed maakt.

Wanneer u echte liefde in u hebt, zult u nooit zo iets slechts denken. Zou u willen dat uw geliefden ziek werden of een ongeluk kregen? U zou altijd willen dat uw geliefde vrouw of man altijd gezond is en vrij van ongelukken. Omdat we geen liefde in ons hart hebben, willen wij dat er iets verkeerd gaat met anderen, en we verheugen ons over het ongeluk van andere mensen.

We willen ook de zonden of zwakke punten van andere mensen weten en ze verspreiden als we geen liefde hebben. Veronderstel dat u naar een samenkomst ging, en iemand daar zei iets slechts over een ander persoon. Wanneer u geïnteresseerd bent in zo'n gesprek, dan behoort u uw hart te onderzoeken. Als iemand zou roddelen over uw ouders, zou u er dan ook naar willen luisteren? U zou onmiddellijk tegen hen zeggen dat ze moeten stoppen.

Natuurlijk zijn er tijden en gevallen waar u de situaties van anderen moet kennen, omdat u die mensen wil helpen. Maar als dat niet het geval is, en u toch geïnteresseerd bent in het horen van slechte dingen van anderen, dan komt dat omdat u het verlangen hebt om te lasteren of te roddelen over anderen. *"Wie een overtreding bedekt, jaagt liefde na; maar wie een zaak ophaalt, brengt scheiding tussen vrienden"* (Spreuken 17:9).

Degenen die goed zijn en liefde in hun harten hebben, zullen proberen om de fouten van anderen te bedekken. Ook, wanneer wij geestelijke liefde hebben, zullen wij niet jaloers zijn of na-ijverig, wanneer het goed gaat met anderen. We zouden blij moeten zijn wanneer het goed met ze gaat en ze geliefd zijn door anderen. De Heer Jezus zei ons dat we zelfs onze vijanden moeten liefhebben. Romeinen 12:14 zegt ook, *"Zegent wie u vervolgen, zegent en vervloekt niet."*

Het tweede aspect van slechte gedachten zijn gedachten die anderen oordelen en veroordelen.

Bijvoorbeeld, veronderstel dat u een andere gelovige zag, die naar een plaats ging waar gelovigen niet zouden moeten gaan. Wat voor soort gedachten zou u dan hebben? U hebt misschien een negatieve mening over hem tot de mate dat u zelf slecht bent, denkende als volgt, "Hoe kon hij dit doen?" Of wanneer er nog enige goedheid in u is, vraagt u zich misschien af "Waarom zou hij naar zo'n plaats gaan?", maar dan veranderd u uw denken en denkt dat hij wel een reden moet hebben om dit te doen.

Maar wanneer u geestelijke liefde in uw hart hebt, zult u sowieso geen enkele soort van deze slechte gedachten hebben. Zelfs al hoort u iets dat niet goed is, oordeelt of veroordeelt u die persoon niet, tenzij u de feiten dubbel hebt gecontroleerd. In de meeste gevallen, wanneer ouders enkele slechte dingen horen over hun kinderen, hoe reageren zij? Ze nemen het niet gemakkelijk aan, maar blijven eerder volhouden dat hun kinderen zoiets nooit zouden doen. Ze zouden denken dat de persoon die dit tegen hen zegt, slecht is. Op dezelfde wijze, als u echt van iemand houdt, zult u zo goed mogelijk proberen te denken over die persoon.

Maar vandaag, zien we dat mensen heel gemakkelijk slecht denken over anderen en slechte dingen over hen zeggen. Het wordt niet alleen gedaan in persoonlijke relaties, maar ze bekritiseren ook degenen die een openbare positie hebben.

Ze proberen zelfs niet om het volledige plaatje te zien van wat er werkelijk is gebeurd, en verspreiden toch ongegronde roddels. Mede door de agressieve antwoorden op het internet, plegen sommige mensen zelfs zelfmoord. Ze oordelen en veroordelen anderen slechts met hun eigen standaard en niet met het Woord van God. Maar wat is de goede wil van God?

Jakobus 4:12 waarschuwt ons, *"Eén is wetgever en rechter, Hij, die de macht heeft om te behouden en te verderven. Maar wie zijt gij, dat gij uw naaste oordeelt?"*

Alleen God kan echt oordelen. Dat wil zeggen, God zegt ons dat het zonde is wanneer wij onze buren oordelen. Veronderstel dat iemand duidelijk iets verkeerd deed. In die situatie, voor degenen die geestelijke liefde hebben, is het niet belangrijk of de persoon gelijk of ongelijk heeft in wat hij deed. Ze zullen alleen maar denken aan wat echt goed is voor die persoon. Ze willen alleen maar dat het goed gaat met die persoon en dat hij door God wordt geliefd.

Bovendien, is volmaakte liefde niet alleen het bedekken van de zonde, maar ook de andere persoon helpen om zich te bekeren. We zouden ook in staat moeten zijn om de waarheid te onderwijzen en het hart van die persoon aan te raken zodat hij de rechte weg mag gaan en zichzelf kan veranderen. Wanneer wij volmaakte liefde hebben, moeten wij niet proberen om naar de persoon te kijken met goedheid. We hebben vanzelfsprekend lief, zelfs een persoon met veel zonden. We zouden hem alleen maar willen vertrouwen en helpen. Wanneer wij geen gedachten van oordeel of veroordeling hebben naar anderen toe, zullen we gelukkig zijn met iedereen die we ontmoeten.

Het derde aspect is alle gedachten die niet overstemmen met de wil van God.

Niet alleen het hebben van slechte gedachten over anderen, maar ook het hebben van enige gedachte die niet overeenkomstig de wil van God is, is een slechte gedachte. In de wereld, wordt er gezegd van mensen die leven door de morele standaards en overeenkomstig het geweten, dat ze leven in goedheid.

Maar noch moraliteit noch geweten kan de absolute standaard zijn van goedheid. Beiden hebben vele dingen die tegengesteld zijn aan of volkomen tegengesteld zijn aan het Woord van God. Alleen het Woord van God kan de absolute standaard van goedheid zijn.

Degenen die de Here aannemen belijden dat ze zondaren zijn. Mensen zijn misschien trots op zichzelf, vanwege het feit dat ze goede en morele levens leven, maar zijn nog steeds slecht en ze zondigen nog steeds overeenkomstig het Woord van God. Dat komt omdat alles wat niet overeenstemt met het Woord van God, slecht en zondig is, en het woord van God is de enige absolute standaard van goedheid (1 Johannes 3:4).

Wat is dan het verschil tussen zonde en slechtheid? In een brede zin, zijn zowel zonde als slechtheid, leugens, welke tegen de waarheid van het Woord van God zijn. Ze zijn duisternis, welke het tegenovergestelde is van God, die het Licht is.

Maar wanneer we naar de grotere details kijken zijn ze toch verschillend van elkaar. Om deze twee te vergelijken met een boom, is "slechtheid" als de wortel die in de grond is en dus onzichtbaar is, en is "zonde" als de takken, bladeren en vruchten.

Zonder een wortel, kan een boom geen takken, bladeren of vruchten hebben. Evenzo, wordt de zonde gerealiseerd door slechtheid. Slechtheid is een natuur die in iemands hart is. Het is de natuur die tegen goedheid, liefde en de waarheid van God is. Wanneer deze slechtheid in een specifieke vorm wordt gezien, wordt er naar verwezen als zonde.

Jezus zei, *"Een goed mens brengt uit de goede schat zijns harten het goede voort en een slecht mens brengt uit de boze schat het boze voort. Want waar het hart vol van is, daarvan spreekt de mond"* (Lucas 6:45).

Veronderstel dat een persoon iets zegt dat iemand anders kwetst, die hij haat. Dat is wanneer de slechtheid in zijn hart gemanifesteerd wordt als "haat" en "slechte woorden", welke specifieke zonden zijn. Een zonde wordt gerealiseerd en nader bepaald door het standaard, wat het Woord van God wordt genoemd, welke het gebod is.

Zonder een wet kan niemand worden gestraft, omdat er geen standaards van onderscheiding en oordeel zijn. Evenzo, wordt zonde geopenbaard omdat het tegen de standaard van Gods Woord is. Zonde kan worden onderverdeeld in dingen van het vlees en werken van het vlees. Dingen van het vlees, zijn zonden die we in het hart en gedachten doen, zoals haat, na-ijver, jaloezie, overspelig denken, terwijl de werken van het vlees, zonden zijn die we uitvoeren, zoals ruzie, woedeaanvallen, of moord.

Het is bijna gelijk met de zonden of misdaden van deze wereld die ook worden onderverdeeld in verschillende zonden. Bijvoorbeeld, afhankelijk van tegen wie de misdaad is gedaan, het kan tegen een natie, een volk of een persoon zijn.

Maar ondanks dat iemand slechtheid in zijn hart heeft, is het nog niet zeker dat hij zal zondigen. Wanneer hij luistert naar het Woord van God en zelfbeheersing heeft, kan hij de zonden ontwijken, ondanks dat hij wat slechtheid in zijn hart heeft. Op dat stadium, kan hij misschien al tevreden zijn dat hij reeds de heiligheid heeft bereikt, omdat hij de zonde niet uitvoert.

Om volkomen geheiligd te zijn, moeten we echter afrekenen met de slechtheid die in onze natuur is geplaatst, die in het diepst van ons hart is. In iemands hart is alle slechtheid die hij heeft geërfd van zijn ouders. Het is niet gebruikelijk dat het wordt geopenbaard in gewone situaties, maar het komt alleen in extreme situaties aan de oppervlakte.

Een Koreaans gezegde gaat als volgt, "Iedereen zal over het hek van de buren springen als hij voor drie dagen honger lijdt." Het is ook zo met "Nood breekt wet." Totdat wij volkomen geheiligd zijn, kan de slechtheid die in ons verborgen is, geopenbaard worden in een extreme situatie.

Ofschoon extreem klein, zijn de uitwerpsels van vliegen toch uitwerpsels. Het komt vrijwel op hetzelfde neer, ondanks dat het geen zonden zijn, zijn alle dingen die niet volmaakt zijn in de ogen van de volmaakte God, vormen van kwaad. Dat is de reden waarom 1 Tessalonicenzen 5:22 zegt, *"...Onthoudt u van alle soort van kwaad."*

God is liefde. Eigenlijk, kunnen Gods geboden worden geconcentreerd in "liefde." Dat wil zeggen, het is slechtheid en wetteloosheid om niet lief te hebben. Daarom, om te onderzoeken of we iemand het kwade toerekenen, kunnen we nadenken over hoeveel liefde we in ons hebben. Tot de mate dat we God en andere zielen liefhebben, zullen we het kwade ook niet toerekenen.

En dit is zijn gebod: dat wij geloven in de naam van zijn Zoon Jezus Christus en elkander liefhebben, gelijk

Hij ons geboden heeft (1 Johannes 3:23).

De liefde doet de naaste geen kwaad; daarom is de liefde de vervulling der wet (Romeinen 13:10).

Het kwade niet toerekenen

Om het kwade niet toe te rekenen, moeten we bovenal geen slechte dingen zien of horen. Zelfs wanneer wij het toch zien of horen, zouden we moeten proberen om het niet opnieuw te herinneren of erover te denken. We moeten het niet proberen te herinneren. Natuurlijk, kunnen we soms niet in staat zijn om onze eigen gedachten te beheersen. Een bepaalde gedachte kan sterker naar boven komen, als we proberen om er niet aan te denken. Maar als we blijven proberen om geen slechte gedachten te hebben door te bidden, zal de Heilige Geest ons helpen. We moeten nooit de intentie hebben om slechte dingen te zien, horen of denken, en bovendien, zouden we zelfs de gedachten die op bepaalde momenten door onze gedachten flitsen moeten verwerpen.

We moeten ook niet deelnemen aan enig slecht werk. 2 Johannes 1:10-11 zegt, *"Indien iemand tot u komt en deze leer niet brengt, ontvangt hem niet in uw huis en heet hem niet welkom. Want wie hem welkom heet, heeft deel aan zijn boze werken."* Het is dat God ons adviseert om het kwade te ontwijken en het niet aan te nemen.

Mensen erven de zondige natuur van hun ouders. Terwijl mensen in deze wereld leven, komen ze in contact met vele leugens. Gebaseerd op deze zondige natuur en leugens, ontwikkeld een persoon zijn persoonlijke karakter of het "ik." Een Christelijk leven is om deze zondige natuur en leugens te verwerpen, vanaf het moment dat wij de Here aannemen. Om deze zondige natuur en de leugens te verwerpen, hebben we een grote portie geduld en pogingen nodig. Omdat we in deze wereld leven, zijn we meer familiair met de leugen, dan met de waarheid. Het is relatief gemakkelijker om de leugen aan te nemen en het in ons te plaatsen dan het te verwerpen. Bijvoorbeeld, het is gemakkelijker om een vlek te maken op een witte jurk met zwarte inkt, maar het is heel moeilijk om de vlekken te verwijderen en het opnieuw volkomen wit te maken.

Zelfs al lijkt het een heel klein beetje slechtheid te zijn, het kan ontwikkelen tot een grote slechtheid, in een moment. Net zoals Galaten 5:9 zegt, *"Een weinig zuurdeeg maakt het gehele deeg zuur."* Kan een klein beetje slechtheid heel snel verspreiden naar veel mensen. Daarom moeten we aandachtig zijn, zelfs over een klein beetje slechtheid. Om in staat te zijn om niet slecht te denken, moeten we het haten zonder er ook maar een seconde over na te denken. God gebied ons om *"Gij, die de Here liefhebt, haat het kwade"* (Psalm 97:10), en leert ons dat *"De vreze des Heren is het kwade te haten"* (Spreuken 8:13).

Wanneer u iemand met passie liefhebt, zult u datgene wat die persoon leuk vindt ook leuk vinden en wat die persoon niet leuk vindt, zult u ook niet leuk vinden. U moet daar geen reden voor hebben. Wanneer Gods kinderen, die de Heilige Geest hebben ontvangen, zondigen, kreunt de Heilige Geest in hen. Dus in hun harten hebben zij een gevoel van kwelling. Ze beseffen dan dat God die dingen die ze gedaan hebben haat, en ze proberen niet opnieuw te zondigen. Het is belangrijk om te proberen om zelfs maar de kleinste vormen van slechtheid te verwerpen en geen slechtheid meer aan te nemen.

Voorzien van het Woord van God en gebed

Slechtheid is zo'n nutteloos ding. Spreuken 22:8 zegt, *"Wie onrecht zaait, zal onheil oogsten."* Ziekten komen op ons en onze kinderen, of we krijgen ongelukken. We leven misschien met zorgen door armoede en familieproblemen. Al deze problemen, komen uiteindelijk van het kwade.

Dwaalt niet, God laat niet met Zich spotten. Want wat een mens zaait, zal hij ook oogsten (Galaten 6:7).

Natuurlijk, verschijnen de problemen niet onmiddellijk voor onze ogen. In dit geval, wanneer het kwade zich opstapelt tot een bepaalde mate, kan het problemen veroorzaken die later ook onze kinderen zullen aanraken. Omdat de wereldse mensen deze regel niet begrijpen, doen zij vele kwade dingen op vele verschillende manieren.

Bijvoorbeeld, zij beschouwen het als normaal om wraak te nemen tegen degenen die hen hebben gekwetst. Maar Spreuken 20:22 zegt, *"Zeg niet: Ik zal het kwaad vergelden; wacht op de Here, Hij zal u helpen."*

God beheerst het leven, de dood, geluk en ongeluk van de mensheid overeenkomstig Zijn gerechtigheid. Daarom, wanneer wij het goede doen overeenkomstig het Woord van God, zullen wij zeker de vruchten van goedheid oogsten. Het is net zoals het beloofd werd in Exodus 20:6, wat zegt, *"... en die barmhartigheid doe aan duizenden van hen die Mij liefhebben en mijn geboden onderhouden."*

Om onszelf te bewaren van het kwaad, moeten we het kwade haten. En daar bovenop, moeten we twee dingen overvloedig voorzien ten alle tijden. Zij zijn het Woord van God en gebed. Wanneer wij dag en nacht mediteren over het Woord van God, kunnen wij elke slechte gedachte verdrijven en geestelijke en goede gedachten hebben. We kunnen begrijpen wat voor soort daad, een daad van echte liefde is.

Ook, wanneer wij bidden, mediteren wij over het Woord van God op een diepere wijze, zodat we het kwade kunnen beseffen in onze woorden en daden. Wanneer wij vurig bidden door de hulp van de Heilige Geest, kunnen wij over het kwade van onze harten heersen en ze verwerpen. Laat ons snel het kwade verwerpen met het Woord van God en gebed zodat wij een gelukkig leven kunnen leven.

10. Liefde is niet blijde over ongerechtigheid

Des te meer een samenleving zich ontwikkeld, des te groter de kans dat eerlijke mensen succesvol gaan zijn. Integendeel, des te minder landen zich ontwikkelen, des te meer corruptie en bijna alles kan worden verkregen of gedaan met geld. Corruptie wordt een ziekte van de naties genoemd, want het is gerelateerd aan de voorspoed van het land. Corruptie en ongerechtigheid beïnvloeden ook individuele levens tot een grote mate. Zelfzuchtige mensen kunnen geen echte tevredenheid verkrijgen want ze denken alleen maar aan zichzelf en ze kunnen anderen niet liefhebben.

Zich niet verblijden over ongerechtigheid en het kwade niet toerekenen lijken redelijk op elkaar. "Het kwade niet toerekenen" is dat u geen enkele vorm van kwaad in uw hart hebt. "Zich niet verblijden over ongerechtigheid" is dat u geen welgevallen acht in schandelijk gedrag, acties of gedragingen, en er geen deel aan neemt.

Veronderstel dat u jaloers bent op een vriend die rijk is. U vindt hem ook niet leuk omdat het lijkt dat hij altijd opschept over zijn rijkdom. U denkt ook als volgt, "Hij is rijk, maar hoe zit het met mij? Ik hoop dat hij failliet raakt." Dit is het denken van kwade dingen. Maar op een dag, licht iemand hem op, en zijn bedrijf gaat daardoor in een dag failliet. Als u hier plezier in hebt, denkende, "Hij schepte altijd op over zijn rijkdom, dit is net goed voor hem!" dan verblijd u zich over ongerechtigheid of hebt u er welgevallen aan. Bovendien, als u deelneemt aan dit soort werk, dan verblijd u zich actief over ongerechtigheid.

Er is ongerechtigheid in het algemeen, waarvan zelfs de ongelovigen denken dat het ongerechtigheid is. Bijvoorbeeld, sommige mensen verzamelen hun rijkdom op oneerlijke wijze door anderen te bedriegen of met geweld te bedreigen. Iemand kan de wetten of regels overtreden en iets aannemen in ruil voor zijn persoonlijke winst. Wanneer een rechter een onrechtvaardig oordeel velt na het ontvangen van steekpenningen, en een onschuldig persoon straft, dan is dat ongerechtigheid in iedereen zijn ogen. Dit is misbruik maken van zijn autoriteit als rechter.

Wanneer iemand iets verkoopt, kan hij bedriegen in de mate of hoeveelheid. Hij kan goedkope en lage kwaliteit onbewerkt materiaal gebruiken om ongepaste winst te verkrijgen. Ze denken niet aan de anderen maar alleen maar aan hun eigen kortdurende voordeel. Ze weten wat goed is, maar ze aarzelen niet om anderen te bedriegen omdat ze zich verblijden over onrechtvaardig geld. Er zijn in feite zoveel mensen die andere mensen bedriegen om onrechtvaardige winst te verkrijgen. Maar wat met ons? Kunnen wij zeggen dat we rein zijn?

Veronderstel dat er iets als volgt gebeurt. U bent een burgerambtenaar, en u komt erachter dat een van uw beste vrienden een groot geldbedrag op illegale wijze verdient in enkele zaken. Als hij wordt betrapt, zal hij op ernstige wijze worden gestraft, en deze vriend geeft u een groot geldbedrag zodat u stil zult zijn en het voor een tijdje zult negeren. Hij zegt zelfs dat hij u later een nog groter bedrag zal geven. Op dat moment heeft uw gezin een noodgeval en hebt u inderdaad een groot geldbedrag nodig. Wat gaat u nu doen?

Laten wij ons een andere situatie voorstellen. Op een dag kijkt u uw bankrekening na, en u ziet dat er meer geld opstaat dan u had verwacht. U ontdekt dat het belastbare gedeelte niet is ingehouden. Hoe zou u in dat geval reageren? Zou u zich verheugen denkende dat het hun fout was en dat het niet uw verantwoordelijkheid is?

2 Kronieken 19:7 zegt, *"Nu dan, de schrik des Heren zij over u; handelt nauwgezet, want bij de Here, onze God, is geen onrecht, geen partijdigheid noch aanneming van geschenken."* God is rechtvaardig; Hij heeft in het geheel geen ongerechtigheid. We kunnen misschien verborgen zijn voor de ogen van mensen, maar God kunnen we niet bedriegen. Daarom, zelfs enkel met de vreze des Heren, moeten wij wandelen op het rechte pad in eerlijkheid.

Kijk eens naar het geval van Abraham. Toen zijn neef in Sodom gevangen was in een oorlog, verloste Abraham niet alleen zijn neef, maar ook het volk dat gevangen was en hun bezittingen. De koning van Sodom wilde zijn waardering laten zien door Abraham iets terug te geven van de dingen die hij had teruggebracht van de koning, maar Abraham wilde het niet aannemen.

> *"Doch Abram zeide tot de koning van Sodom: Ik zweer bij de Here, bij God, de Allerhoogste, de Schepper van hemel en aarde: Zelfs geen draad of schoenriem, ja niets van het uwe zal ik nemen, opdat gij niet kunt zeggen: Ik heb Abram rijk gemaakt!"* (Genesis 14:22-23).

Toen zijn vrouw Sara stierf, wilde de eigenaar van het stuk land de begraafplaats aan hem schenken, maar hij nam het niet aan. Hij betaalde de eerlijke prijs ervoor. Dat deed hij omdat er later geen redetwist kon ontstaan over het land. Hij deed wat hij deed, omdat hij een eerlijk mens was; hij wilde niets onrechtmatig verkrijgen of onverdiend. Als hij achter geld aan was, dan had hij datgene kunnen volgen wat hem winst zou brengen.

Degenen die God liefhebben en geliefd zijn door God, zullen nooit anderen kwetsen of hun eigen voordeel zoeken door de wet van het land te overtreden. Ze verwachten niets meer dan datgene wat ze verdienen door hun eerlijke werk. Degenen die zich verblijden over ongerechtigheid hebben geen liefde voor God en hun buren.

Ongerechtigheid in de ogen van God

De ongerechtigheid in de Here is een klein beetje anders dan de ongerechtigheid in de algemene context. Het is niet alleen het overtreden van de wet en het berokkenen van schade aan anderen, maar elke zonde die tegen het Woord van God is. Wanneer het kwade in het hart komt, in een specifieke vorm, is het zonde, en dit is ongerechtigheid. Onder de vele zonden, verwijst ongerechtigheid vooral naar de werken van het vlees.

Dat wil zeggen, haat, na-ijver, jaloezie, en andere zonden in het hart die worden gerealiseerd in daden zoals ruzie, strijd, geweld, bedrog of moord. De Bijbel zegt ons dat wanneer wij ongerechtigheid doen, het moeilijk is om zelfs maar te worden gered.

1 Korintiërs 6:9-10 zegt, *"Of weet gij niet, dat onrechtvaardigen het Koninkrijk Gods niet beërven zullen? Dwaalt niet! Hoereerders, afgodendienaars, overspelers, schandjongens, knapenschenders, dieven, geldgierigen, dronkaards, lasteraars of oplichters, zullen het Koninkrijk Gods niet beërven."*

Achan was een van de mensen die van ongerechtigheid hield, maar het resultaat was zijn vernietiging. Hij was van de tweede generatie van de Exodus en sinds zijn kinderjaren zag en hoorde hij de dingen die God had gedaan voor zijn volk. Hij zag dat de wolkkolom overdag en de vuurkolom 's nachts hen leidde. Hij zag dat de Rivier de Jordaan stopte met stromen en de onneembare stad van Jericho in een ogenblik instortte. Hij kende ook heel goed het bevel van Jozua dat niemand iets mocht nemen uit de stad Jericho, want ze zouden aan God worden geofferd.

Maar het ogenblik dat hij de dingen, die in de stad Jericho waren, zag, verloor hij zijn verstand mede door zijn hebzucht. Nadat hij een lange periode had geleefd in de droge woestijn, leken de dingen in de stad zo mooi voor hem. Het ogenblik dat hij de mooie mantel en de gouden en zilveren munten zag, vergat hij het Woord van God en het bevel van Jozua en verborg het voor hemzelf.

Door deze zonde van Achan om het bevel van God te overtreden, leden ze vele doden en gewonden in de volgde oorlog. Door het verlies werd de ongerechtigheid van Achan geopenbaard, en werden hij en zijn familie gestenigd. De stenen maakten een hoop en deze plaats werd de Vallei van Achor genoemd.

Kijk ook naar Numeri hoofdstuk 22-24. Bileam was een man die met God kon communiceren. Op een dag, vroeg Balak, de koning van Moab of hij het volk Israel kon vervloeken. Dus, zei God tegen Bileam, *"Gij zult met hen niet medegaan, gij zult dat volk niet vervloeken, want het is gezegend"* (Numeri 22:12).

Na het horen van het Woord van God weigerde Bileam om in te gaan op het verzoek van de Moabitische koning. Maar toen de koning hem goud en zilver en vele schatten zond, werd zijn denken geschud. Uiteindelijk werden zijn ogen verblind door de schatten, en hij onderwees de koning hoe hij een valkuil kon maken voor het Volk Israël. Wat was het resultaat? De zonen van Israël aten het geheiligde eten wat aan afgoden was geofferd en pleegden overspel waarbij ze grote moeilijkheden over zich brachten, en Bileam werd uiteindelijk gedood door het zwaard. Dit was het resultaat van liefde voor onrechtvaardig gewin.

Ongerechtigheid staat rechtstreeks in verband met redding in de ogen van God. Wanneer wij broeders of zusters in het geloof onrechtvaardig zien handelen, net als de ongelovigen van de wereld, wat zouden wij dan moeten doen? Natuurlijk moeten wij over hen rouwen, voor hen bidden en hen helpen om te leven overeenkomstig het Woord. Maar sommige gelovigen zijn jaloers op die mensen, denkende, "Ik wil ook een gemakkelijker en aangenamer Christelijk leven zoals zij." Bovendien, als u deelneemt met hen, kunt u niet zeggen dat u de Here liefhebt.

Jezus, zijnde onschuldig, stierf om ons, die onrechtvaardig waren, te brengen tot God (1 Petrus 3:18). Wanneer wij deze grote liefde van de Heer beseffen, zouden wij ons nooit moeten verblijden over ongerechtigheid. Degenen die zich niet verblijden over ongerechtigheid ontwijken niet alleen de onrechtvaardige praktijken, maar zij leven actief door het Woord van God. Dan kunnen zij vrienden van de Here worden en een voorspoedig leven leven (Johannes 15:14).

11. Liefde is blijde met de waarheid

Johannes, een van de twaalf discipelen van Jezus, werd gered van het martelaarschap en leefde tot hij stierf op hoge leeftijd, terwijl hij het evangelie van Jezus Christus en de wil van God aan vele mensen verspreidde. Eén van de dingen waarover hij zich verblijde in zijn laatste jaren was om te horen dat de gelovigen probeerden te leven in het woord van God, de waarheid.

Hij zei, *"Want het heeft mij zeer verblijd, als er broeders kwamen en van uw waarheid een goed getuigenis gaven, zoals gij dan ook in de waarheid wandelt. Groter blijdschap ken ik niet, dan dat ik hoor, dat mijn kinderen in de waarheid wandelen"* (3 Johannes 1:3-4).

We kunnen zien hoe vreugdevol hij was door deze uitdrukking, "Het heeft mij zeer verblijd." Hij was vroeger opvliegend, hij werd vroeger, toen hij jonger was, zelfs zoon des donders genoemd, maar nadat hij veranderd was, werd hij de apostel van liefde genoemd.

Wanneer wij God liefhebben, zullen wij geen ongerechtigheid doen, en bovendien, zullen wij de waarheid uitoefenen. We zullen ook blijde zijn met de waarheid. De waarheid verwijst naar Jezus Christus, het evangelie en alle 66 boeken van de Bijbel. Degenen die God liefhebben en geliefd zijn door Hem, zullen zich zeker verblijden in Jezus Christus en in het evangelie. Ze verblijden zich wanneer het koninkrijk van God vergroot. Wat betekent het nu om u te verblijden met de waarheid?

Ten eerste, is het om zich te verblijden met het "evangelie."

'Evangelie' is het goede nieuws dat wij gered zijn door Jezus Christus en naar het Hemelse Koninkrijk gaan. Vele mensen zoeken de waarheid, terwijl ze de volgende vragen stellen, "Wat is het doel van het leven? Wat is de waarde van het leven?" Om de antwoorden op deze vragen te krijgen, bestuderen zij ideeën en filosofieën, of ze proberen de antwoorden te krijgen door verschillende religies. Maar de waarheid is Jezus Christus, en niemand kan naar de Hemel gaan zonder Jezus Christus. Dat is de reden waarom Jezus zei, *"Ik ben de weg en de waarheid en het leven; niemand komt tot de Vader dan door Mij"* (Johannes 14:6).

Wij ontvingen redding en verkregen het eeuwige leven door Jezus Christus aan te nemen. We zijn van onze zonden vergeven door het bloed van de Here en we zijn verplaatst van de hel naar de hemel. We begrijpen nu de betekenis van het leven en leven dan ook een waardig leven. Daarom, is het normaal dat we ons verblijden met het evangelie. Degenen die zich verblijden met het evangelie zullen het ook vurig delen met anderen. Zij zullen hun God-gegeven plichten vervullen en getrouw werken om het te evangelie te verspreiden. Ook, zullen zij zich verblijden wanneer de zielen het evangelie horen en redding ontvangen door de Here aan te nemen. Ze verblijden zich wanneer het Koninkrijk van God wordt vergroot. *"[God] die wil, dat alle mensen behouden worden en tot erkentenis der waarheid komen"* (1 Timotheüs 2:4).

Er zijn sommige gelovigen, die echter jaloers zijn op anderen die veel evangeliseren onder de mensen en grote vruchten voortbrengen. Sommige kerken zijn jaloers op andere kerken wanneer andere kerken groeien en God verheerlijken. Dit is het verblijden met de waarheid. Wanneer wij geestelijke liefde in onze harten hebben, zullen wij ons verblijden wanneer wij het koninkrijk van God zien voortkomen op grote wijze. We zullen ons samen verblijden wanneer we een kerk zien groeien en geliefd zijn door God. Dit is het verblijden met de waarheid, wat betekent het verblijden met het evangelie.

Ten tweede, om zich te verblijden met de waarheid betekent zich verblijden over alles wat tot de waarheid behoord.

Het is zich verblijden met zien, horen en doen van dingen die tot de waarheid behoren, zoals goedheid, liefde en gerechtigheid. Degenen die zich verblijden met de waarheid worden aangeraakt en huilen zelfs over kleine goede daden. Ze belijden dat het Woord van God, de waarheid is en dat het zoeter dan honing van de honinggraat is. Dus zij verblijden zich wanneer zij luisteren naar de boodschappen en de Bijbel lezen. Bovendien, verblijden zij zich in het uitoefenen van het Woord van God. Ze gehoorzamen vreugdevol het Woord van God dat ons vertelt om anderen te "dienen, begrijpen en vergeven", zelfs degenen die ons een moeilijke tijd bezorgen.

David hield van God en wilde de Tempel van God bouwen. Maar God stond het niet toe. De reden staat beschreven in 1 Kronieken 28:3. *"Gij moogt voor mijn naam geen huis bouwen, want gij zijt een krijgsman en gij hebt bloed vergoten."* Het was onvermijdelijk voor David om geen bloed te vergieten, want hij was in vele oorlogen, maar toch in de ogen van God, werd David niet geschikt geacht om deze taak te doen.

David kon geen Tempel bouwen, maar hij bereidde wel de

bouwmaterialen voor, zodat zijn zoon Salomon het kon bouwen. David bereidde de materialen voor met al zijn kracht, en enkel door dat te doen, werd hij overweldigend gelukkig. *"Het volk verheugde zich over hun gewilligheid, want zij gaven met een volkomen toegewijd hart vrijwillig aan de Here; ook koning David verheugde zich met grote vreugde"* (1 Kronieken 29:9).

Evenzo, degenen die zich verblijden met de waarheid, zullen zich ook verblijden wanneer het goed gaat met andere mensen. Ze zijn niet jaloers. Het is onvoorstelbaar voor hen om zo iets slechts te denken zoals, "Iets zou er verkeerd moeten gaan met die persoon", of om tevredenheid in hen te vinden omdat andere mensen ongelukkig zijn. Wanneer ze ongerechtigheid zien gebeuren, dan treuren zij daarom. Ook degenen die zich verblijden met de waarheid zijn in staat om lief te hebben met goedheid, met een onveranderlijk hart, en met waarachtigheid en integriteit. Zij verblijden zich met goede woorden en goede daden. God jubelt ook over hen met gejubel, zoals geschreven staat in Sefanja 3:17, *"De Here, uw God, is in uw midden, een held, die verlost. Hij zal Zich over u met vreugde verblijden; Hij zal zwijgen in zijn liefde; Hij zal over u juichen met gejubel."*

Zelfs wanneer u zich niet altijd kunt verblijden met de waarheid, moet u toch niet de moed verliezen of ontmoedigd worden. Wanneer u uw best probeert te doen, beschouwt de God van liefde deze pogingen als het "verblijden met de waarheid."

Ten derde, om zich te verblijden met de waarheid is om het Woord van God te geloven en het proberen uit te oefenen.

Het is heel zeldzaam om een persoon te vinden die zich vanaf het begin kan verblijden met alleen de waarheid. Zolang wij duisternis en leugens in ons hebben, kunnen wij aan slechte dingen denken of kunnen wij ons ook verblijden over de ongerechtigheid. Maar wanneer we beetje bij beetje veranderen en het leugenachtige hart verwerpen, kunnen wij ons volkomen met de waarheid verblijden. Tot dan, moeten we hard ons best doen om het te proberen.

Bijvoorbeeld, niet iedereen voelt zich gelukkig wanneer hij deelneemt aan de aanbiddingdiensten. In het geval van nieuwe gelovigen of degenen met een zwak geloof, kunnen zij zich moe voelen, of hun hart kan ergens anders zijn. Ze vragen zich misschien af wat de resultaten van een baseball spel is geworden of ze zijn misschien zenuwachtig over de zakelijke ontmoeting die ze morgen hebben.

Maar de daad van het komen naar het heiligdom en het bijwonen van de aanbiddingdienst is de poging van het proberen om het Woord van God te gehoorzamen. Het is om zich te verblijden over de waarheid. Waarom proberen wij het op deze manier? Het is om redding te ontvangen en naar de hemel te gaan. Omdat we het Woord van de waarheid hebben gehoord, en we in God geloven, geloven wij ook dat er een oordeel is, en dat er een Hemel en Hel zijn. Omdat wij weten dat er verschillende beloningen zijn in de Hemel, proberen wij nog vuriger om geheiligd te worden en het werk getrouw te doen in geheel Gods huis. Ondanks dat wij ons niet altijd 100% verblijden met de waarheid, wanneer wij ons best proberen te doen in onze mate van geloof, dan is dat het verblijden met de waarheid.

Hongeren en dorsten naar de waarheid

Het zou zo natuurlijk voor ons moeten zijn om ons te verblijden met de waarheid. Alleen de waarheid geeft ons eeuwig leven en kan ons volledig veranderen. Wanneer wij de waarheid horen, namelijk het evangelie, en het in de praktijk brengen, zullen wij eeuwig leven verkrijgen, en Gods echte kinderen worden. Omdat we gevuld zijn met de hoop voor het hemelse koninkrijk en de geestelijke liefde, zullen onze gezichten stralen van vreugde. Ook, tot de mate dat we veranderen in de waarheid, zullen wij gelukkig zijn, want we zijn geliefd en gezegend door God, en dan worden wij ook geliefd door vele mensen.

We zouden ons altijd moeten verblijden met de waarheid, en bovendien, zouden wij moeten hongeren en dorsten naar de waarheid. Wanneer wij honger en dorst hebben, zullen wij ernstig verlangen naar eten en drinken. Wanneer wij verlangen naar de waarheid, moeten wij er zo ernstig naar verlangen dat we ook snel kunnen veranderen tot een mens van waarheid. We moeten een leven leven dat altijd de waarheid eet en drinkt. Wat betekent het om de waarheid te eten en te drinken? Het is om het woord van God, de waarheid, in onze harten te bewaren en het uit te oefenen.

Wanneer wij voor iemand staan die wij zo lief hebben, dan is het moeilijk om het geluk van onze gezichten te verbergen. Zo is het ook, wanneer wij God liefhebben. Nu op dit moment, zijn wij niet in staat om van aangezicht tot aangezicht voor God te staan, maar als wij God echt liefhebben, zal dat aan de buitenkant zichtbaar zijn. Dat is, wanneer wij alleen maar iets zien of horen over de waarheid, wij blij en gelukkig zullen zijn. Onze gelukkige gezichten zullen niet onopgemerkt blijven bij de mensen om ons heen. We zullen tranen van dankbaarheid hebben, wanneer we alleen maar denken aan God en de Here, en onze harten zullen worden aangeraakt door de kleinste daden van goedheid.

De tranen die tot goedheid behoren, zoals tranen van dankbaarheid en tranen van verdriet om de andere zielen, zullen later mooie edelstenen worden om ieders huis in de Hemel te decoreren. Laten wij ons daarom verblijden met de waarheid, zodat onze leven vol zullen zijn van het bewijs dat wij door God geliefd zijn.

Kenmerken van geestelijke liefde II

6. Liefde kwetst niemands gevoel

7. Liefde zoekt zichzelf niet

8. Liefde wordt niet verbitterd

9. Liefde rekent het kwade niet toe

10. Liefde is niet blijde over ongerechtigheid

11. Liefde is blijde met de waarheid

12. Liefde bedekt alle dingen

Als wij Jezus Christus aannemen en proberen te leven door het Woord van God, zijn er vele dingen die wij moeten bedekken. We moeten prikkelende situaties bedekken. We moeten zelfbeheersing oefenen over onze neiging tot het volgen van onze eigen verlangens. Dat is de reden waarom het eerste kenmerk van liefde, geduld is.

Om geduldig te zijn, gaat over de strijd die iemand in zichzelf ervaart, terwijl hij probeert om de leugens te verwerpen uit zijn hart. Om "alle dingen te bedekken" heeft een grotere betekenis. Nadat wij de waarheid hebben ontwikkeld in ons hart door geduld, moeten wij alle pijnen bedekken die door andere mensen op onze weg komen. Het is vooral het bedekken van alle dingen die niet overeenstemmen met de geestelijke liefde.

Jezus kwam naar deze aarde om de zondaren te redden, en hoe behandelden de mensen Hem? Hij deed alleen maar goede dingen, en toch bespotten de mensen Hem, negeerden Hem in minachting. Uiteindelijk hebben ze Hem gekruisigd. Jezus droeg dit alles voor alle mensen en Hij bad voortdurend in voorbede van hen. Hij bad voor hen, zeggende, *"Vader, vergeef het hun, want zij weten niet wat zij doen"* (Lucas 23:34).

Wat was het resultaat van Jezus die alle dingen droeg en de mensen liefhad? Iedereen die Jezus aanneemt als zijn persoonlijke Redder kan nu redding ontvangen en een kind van God worden. We zijn vrijgezet van de dood en zijn nu overgegaan naar het eeuwige leven.

Een Koreaans gezegde gaat als volgt, "Slijp een bijl, om een naald te maken." Het betekent dat we met geduld en volharding elke moeilijke taak kunnen volbrengen. Hoeveel tijd en inzet is er wel niet nodig om een stalen bijl te slijpen tot een scherpe naald? Het lijkt zeker op een onmogelijk taak dat iemand misschien wel denkt, "Waarom verkoopt u de bijl niet en koopt er naalden van?"

Maar God neemt graag zo'n zware arbeid op zich, want Hij is de meester over onze geest. God is langzaam in Zijn toorn, en bedekt altijd door ons Zijn genade en goedertierenheid te laten zien, omdat Hij van ons houdt. Hij snoeit en polijst de mensen zelfs al zijn hun harten zo hard als staal. Hij wacht op iedereen, om Zijn echte kind te worden, ondanks dat hij geen enkele kans lijkt te hebben om er één te worden.

Het geknakte riet zal Hij niet verbreken en de walmende vlaspit zal Hij niet uitdoven, voordat Hij het oordeel tot overwinning heeft gebracht (Matteüs 12:20).

Zelfs vandaag bedekt God al de pijn die komt van het zien van de daden van de mensen en Hij wacht op ons met vreugde. Hij heeft geduld met mensen, Hij wacht op hen om te veranderen door goedheid ondanks dat zij voor duizenden jaren hebben gehandeld in het kwade. Ondanks dat zij hun rug hebben toegekeerd naar God, en afgoden dienden, heeft God hen laten zien dat Hij de ware God is en heeft hen verdragen met geloof. Wanneer God zegt, "U bent vol ongerechtigheid en u bent hulpeloos. Ik kan niet meer met u doorgaan," hoeveel mensen zouden dan worden gered?

Net zoals Jeremia 31:3 zegt, *"Ik heb u liefgehad met eeuwige liefde, daarom heb Ik u getrokken in goedertierenheid."* God leidt ons met Zijn eeuwige, eindeloze liefde.

Terwijl ik mijn bediening doe als een voorganger van een grote gemeente, ben ik in staat geweest om dit geduld van God te begrijpen tot op enige hoogte. Er zijn mensen geweest die vele ongerechtigheden of tekortkomingen hadden, maar terwijl ik het hart van God voelde, heb ik altijd naar hen gekeken met de ogen van geloof dat zij op één dag zouden veranderen en glorie zouden gaan geven aan God. Terwijl ik telkens weer geduldig met hen was en geloof in hen had, groeiden vele gemeenteleden op tot goede leiders.

Ik vergat snel de keren dat ik hen moest verdragen, en ik voelde het als een ogenblik. In 2 Petrus 3:8 staat geschreven, *"Doch dit ene mag u niet ontgaan, geliefden, dat één dag bij de Here is als duizend jaar en duizend jaar als één dag."* En ik kon begrijpen wat dit vers betekende. God verdraagt alle dingen voor zo'n lange periode en toch beschouwt Hij die tijden als een vluchtig ogenblik. Laten wij deze liefde van God beseffen en daarmee iedereen om ons heen liefhebben.

13. Liefde gelooft alle dingen

Als u werkelijk van iemand houdt, zult u alles van die persoon geloven. Zelfs wanneer deze persoon enkele tekortkomingen heeft, zult u toch proberen om die persoon te geloven. Een man en een vrouw zijn met elkaar verbonden door liefde. Wanneer een getrouwd koppel geen liefde heeft, betekent het dat ze elkaar niet vertrouwen, dus ze maken over elke zaak ruzie en hebben over alles hun twijfels betreffende hun echtgenoot. In ernstige gevallen, hebben ze waanideeën van ontrouw en bezorgen elkaar lichamelijke en geestelijke pijn. Als ze werkelijk van elkaar houden, dan vertrouwen ze elkaar volledig, en ze zullen geloven dat hun echtgenoot een goed persoon is en het uiteindelijk goed zal doen. Dan, net zoals ze hebben geloofd, wordt hun echtgenoot uitmuntend op hun gebied en is voorspoedig in wat hij doet.

Vertrouwen en geloof kunnen een standaard zijn om de kracht van liefde te meten. Daarom, om God volkomen te geloven is om Hem volkomen lief te hebben. Abraham, de vader van geloof, werd een vriend van God genoemd. Zonder enige aarzeling gehoorzaamde Abraham het bevel van God, die hem zei om zijn enige zoon Isaak te offeren. Hij was in staat om dit te doen, omdat hij God volkomen geloofde. God zag dit geloof van Abraham en erkende zijn liefde.

Liefde is om te geloven. Degenen die God volledig liefhebben, zullen Hem ook volledig geloven. Ze geloven alle woorden van God voor 100%. En omdat zij alle dingen geloven, bedekken zij ook alle dingen. Om de dingen te bedekken die tegen de liefde zijn, moeten we geloven. Dat wil zeggen, dat alleen wanneer wij alle woorden van God geloven, kunnen wij alle dingen hopen en ons hart besnijden om alles te verwerpen wat tegen de liefde is.

Natuurlijk, in striktere zin, is het niet dat we God geloofden, omdat we vanaf het begin van Hem hielden. God hield eerst van ons, en door dat feit te geloven, gingen wij van God houden. Hoe hield God dan van ons? Hij gaf meedogenloos Zijn Zoon voor ons, die zondaren waren, om de weg voor onze redding te openen.

Eerst, gaan wij God liefhebben door dit feit te geloven, maar wanneer wij geestelijke liefde volledig hebben ontwikkeld, zullen wij een niveau bereiken waarin wij volkomen geloven omdat we liefhebben. Om de geestelijke liefde volledig te ontwikkelen, betekent dat we reeds alle leugens uit het hart hebben verworpen. Wanneer wij geen leugens in ons hart hebben, zullen wij geestelijke liefde beginnen te geven, van boven, waarmee wij kunnen geloven vanuit het diepst van ons hart. Dan kunnen wij nooit meer twijfelen aan het Woord van God, en ons vertrouwen in God kan nooit meer wankelen. Ook, wanneer wij geestelijke liefde volledig ontwikkelen, zullen wij iedereen geloven. Het komt niet doordat mensen betrouwbaar zijn, maar zelfs wanneer zij vol ongerechtigheden zijn en vele tekortkomingen hebben, kijken wij naar hen met de ogen van geloof.

We zouden gewillig moeten zijn om elk soort persoon te geloven. We moeten ook in onszelf geloven. Ondanks dat we vele tekortkomingen hebben, moeten we geloven in God, die ons zal veranderen en we moeten naar onszelf kijken met de ogen van geloof dat we snel zullen veranderen. De Heilige Geest vertelt ons altijd in ons hart, "U kunt dit doen. Ik zal u helpen." Als u deze liefde en belijdenis gelooft, "Ik kan het goed doen, ik kan veranderen," dan zal God het volbrengen overeenkomstig uw belijdenis en geloof. Hoe mooi is dat om dat te geloven!

God gelooft ook in ons. Hij geloofde dat een ieder van ons de liefde van God zou gaan kennen en op de weg van redding zou komen. Omdat Hij naar ons allen keek met de ogen van geloof, offerde Hij meedogenloos Zijn enige Zoon, Jezus, aan het kruis. God gelooft dat zelfs degenen die de Here niet kennen of geloven, toch nog gered zullen worden en naar de kant van God zullen komen. Hij gelooft dat degenen die de Here al hebben aangenomen, veranderd zullen worden in het soort van kinderen die heel veel op God gelijken. Laten wij elk soort van persoon geloven met deze liefde van God.

14. Liefde hoopt alle dingen

Er wordt gezegd, dat de volgende woorden geschreven zijn op een grafmonument in Westminster Abbey in het Verenigd Koninkrijk, "Tijdens mijn jeugd, wilde ik de wereld veranderen, maar ik kon het niet. Tijdens mijn middelbare leeftijd, probeerde ik mijn familie te veranderen, maar ik kon het niet. Enkel toen ik mijn dood naderde, besefte ik dat ik al die dingen had kunnen veranderen, als ikzelf maar was veranderd."

Gewoonlijk, proberen mensen om een ander persoon te veranderen, wanneer zij iets van die persoon niet leuk vinden. Maar het is bijna onmogelijk om andere mensen te veranderen. Sommige getrouwde koppels vechten over alledaagse dingen, zoals het knijpen van een tube tandpasta van de bovenkant, of van de onderkant af. We zouden eerst onszelf moeten veranderen voordat we anderen proberen te veranderen. En dan met liefde voor hen, kunnen wij wachten tot de anderen veranderen, oprecht hopende dat ze zullen veranderen.

Om alle dingen te hopen is om te smachten en te wachten op alles wat u gelooft om werkelijkheid te worden. Dat wil zeggen, wanneer wij God liefhebben, zullen wij elk Woord van God geloven en hopen dat alles zal gebeuren overeenkomstig Zijn Woord. U hoopt op de dagen, dat u de liefde met de Vader voor eeuwig zult delen in het mooie Hemelse koninkrijk. Dat is de reden waarom u alle dingen moet verdragen tijdens uw wedloop van geloof. Maar, wat als er geen hoop was?

Degenen die niet in God geloven, kunnen geen hoop hebben voor het hemelse koninkrijk. Dat komt omdat zij leven naar hun eigen verlangens, want zij hebben geen hoop voor de toekomst. Ze proberen om meer dingen te verkrijgen en strijden om hun hebzucht te vervullen. Maar ongeacht hoeveel zij hebben en genieten, ze kunnen geen echte bevrediging vinden. Ze leven hun levens met angst voor de toekomst.

Aan de andere kant, degenen die God geloven, hopen alle dingen, dus zij nemen de smalle weg. Waarom zeggen we dat het een smal pad is? Het betekent dat het smal is in de ogen van de ongelovigen van God. Als wij Jezus Christus aannemen en Gods kinderen worden, dan blijven wij de hele zondag in de kerk om aanbiddingdiensten bij te wonen, zonder deel te nemen aan wereldse vormen van plezier. We werken voor Gods koninkrijk met vrijwillige werken en bidden om te leven door het Woord van God. Zulke dingen zijn moeilijk om te doen zonder geloof, en dat is de reden waarom er wordt gezegd dat het een smalle weg is.

In 1 Korintiërs 15:19 zegt de apostel Paulus, *"Indien wij alleen voor dit leven onze hoop op Christus gebouwd hebben, zijn wij de beklagenswaardigste van alle mensen."* Alleen vleselijk bekeken, lijkt het leven van verdragen en hard werken zwaar. Maar wanneer we alle dingen hopen, is dat een blijere weg dan elke andere weg. Als wij met degenen zijn die wij zo liefhebben, zullen wij zelfs gelukkig zijn in een onverzorgd huis. En denkende aan het feit dat we zullen leven met de dierbare Heer, voor eeuwig in de Hemel, hoe gelukkig zullen we wel niet zijn! We worden alleen al opgewonden en gelukkig wanneer we eraan denken. Op die manier, zullen wij met echte liefde onveranderlijk wachten en hopen totdat alles wat wij geloven werkelijkheid wordt.

Voorwaarts kijken naar alles met geloof is krachtig.

Bijvoorbeeld, laat ons zeggen dat een van uw kinderen afdwaalt en helemaal niet meer studeert. Zelfs dit kind, als u in hem gelooft zeggende dat hij het kan doen, en naar hem kijkt met de ogen van hoop dat hij zal veranderen, kan hij op elk moment veranderen tot een goed kind. Het geloof van ouders in de kinderen zal verbetering stimuleren en het zelfvertrouwen van de kinderen. Die kinderen die zelfvertrouwen hebben, hebben het geloof dat ze alles kunnen doen; zij zullen in staat zijn om moeilijkheden te overwinnen, en zulke houdingen zullen ook hun studies beïnvloeden.

Het is hetzelfde met wanneer wij zorgen voor de zielen in de kerk. In elk geval, mogen wij niet zomaar een oordeel vellen over een persoon. We zouden niet ontmoedigd moeten worden, denkende, "Het lijkt heel moeilijk voor die persoon om te veranderen," of "Ze is nog steeds dezelfde." We moeten naar iedereen kijken met de ogen van hoop dat zij spoedig zullen veranderen en zullen smelten door de liefde van God. We moeten blijven bidden voor hen en hen bemoedigen door te zeggen en te geloven, "U kunt het doen!"

15. Liefde verdraagt alle dingen

1 Korintiërs 13:7 zegt, *"[Liefde] Alles bedekt zij, alles gelooft zij, alles hoopt zij, alles verdraagt zij."* Als u liefhebt, kunt u alles verdragen. Wat betekent het dan om te "verdragen"? Wanneer wij alle dingen bedekken die niet overeenstemmen met de liefde, dan komen er altijd naweeën. Wanneer er wind op een meer of zee is, zullen er golven komen. Zelfs nadat de wind is gaan liggen, zullen er nog steeds wat golfjes overblijven. Zelfs wanneer wij alle dingen bedekken, zal het niet alleen eindigen wanneer we het gedragen hebben met hen. Er zullen altijd naweeën of gevolgen komen.

Bijvoorbeeld, Jezus zei in Matteüs 5:39, *"Maar Ik zeg u, de boze niet te weerstaan, doch wie u een slag geeft op de rechterwang, keer hem ook de andere toe."* Zoals gezegd, zelfs wanneer iemand u slaat op uw rechterwang, vecht u niet terug, maar u verdraagt het. Is het dan allemaal voorbij? Er zullen gevolgen aan vast zitten. U zult pijn hebben. U wang zal pijn doen, maar de pijn in het hart is een veel grotere pijn. Natuurlijk, hebben mensen verschillende redenen om pijn in het hart te ervaren. Sommige mensen hebben pijn in hun hart omdat ze denken dat ze zonder reden zijn geslagen en ze worden daarom boos. Maar anderen hebben misschien pijn in hun hart uit medelijden dat ze de andere persoon hebben boos gemaakt. Sommigen hebben medelijden wanneer zij een broeder zien die opvliegend is, maar het ook lichamelijk laat zien, in plaats van opbouwende kritiek te geven op een juiste manier.

De nawee van het verdragen van iets kan ook komen op een

manier van externe omstandigheden. Bijvoorbeeld, iemand slaat u op de rechterwang. Dus u keert overeenkomstig het Woord uw andere wang toe. Dan slaat hij u ook op uw linkerwang. U hebt verdragen zoals het Woord zegt, maar de situatie escaleerde en lijk nog erger te worden in de realiteit.

Dit was het geval met Daniël. Hij sloot geen compromis wetende dat hij in de leeuwenkuil geworpen zou worden. Omdat Hij God liefhad, hield hij nooit op met bidden, zelfs niet in levensbedreigende omstandigheden. Hij handelde ook niet kwaad tegen degenen die hem probeerden te doden. Veranderde alles ten goede voor hem, omdat hij had verdragen overeenkomstig het Woord van God? Nee, hij werd in de leeuwenkuil geworpen!

We denken misschien dat alle testen weg zouden gaan als we de dingen verdragen die niet overeenstemmen met de liefde. Wat is dan de reden waarom er toch beproevingen komen? Het is de voorziening van God, die ons volmaakt wil maken en ons ontzagwekkende zegeningen wil geven. De velden zullen gezonde en sterke oogst voortbrengen door de regen, wind en brandende zon te verdragen. De voorziening van God is zo dat we als echte kinderen van God zullen worden, door de beproevingen.

Beproevingen en zegeningen

De vijand duivel en satan verstoren de levens van Gods kinderen, wanneer zij proberen te verblijven in het Licht. Satan probeert altijd alle mogelijke gronden te vinden om mensen aan te klagen, en wanneer zij een beetje smet laten zien, beschuldigd Satan hen eigenlijk. Een voorbeeld hiervan is, wanneer iemand handelt met boosheid tegen u, en u verdraagt het uiterlijk, maar binnenin uzelf zijn er slechte gevoelens. De vijand duivel en satan weten dit en brengen aanklachten tegen u vanwege die gevoelens. Dan, moet God die beproeving toestaan overeenkomstig de aanklacht. Totdat wij worden erkend dat er geen kwaadheid in ons hart is, zullen er testen zijn, die "reinigende beproevingen" worden genoemd. Natuurlijk, zelfs nadat wij de zonde hebben verworpen en volledig geheiligd zijn, kunnen er beproevingen zijn. Dit soort van beproevingen worden toegestaan om ons grotere zegeningen te geven. Hierdoor blijven wij niet alleen op het niveau waarop wij geen slechtheid meer in ons hebben, maar zullen wij een grotere liefde ontwikkelen en volmaaktere goedheid, terwijl wij geen vlek of rimpel meer hebben.

Het is niet alleen voor persoonlijke zegeningen; dezelfde principes worden toegepast wanneer wij het koninkrijk van God proberen te volbrengen. Voor God om grotere werken te laten zien, moet er worden voldaan aan een bepaalde mate van gerechtigheid. Door groot geloof te laten zien en daden van liefde, moeten wij bewijzen dat wij het vat zijn om antwoorden te ontvangen, zodat de vijand duivel er geen bezwaar tegen kan maken.

Dus God staat soms toe dat er testen over ons komen. Wanneer wij het verdragen met enkel goedheid en liefde, laat God ons toe om Hem de glorie te geven op een grotere wijze met grote overwinning en Hij geeft ons grote beloningen. Vooral, wanneer u de vervolgingen en moeilijkheden overwint die u ontvangt omwille van de Here, zult u grotere zegeningen ontvangen. *"Zalig zijt gij, wanneer men u smaadt en vervolgt en liegende allerlei kwaad van u spreekt om Mijnentwil. Verblijdt u en verheugt u, want uw loon is groot in de hemelen; want alzo hebben zij de profeten vóór u vervolgd"* (Matteüs 5:11-12).

Om alle dingen te bedekken, te geloven, te hopen en te verdragen

Wanneer u alle dingen gelooft en hoopt met liefde, kunt u elke soort van beproeving overwinnen. Hoe specifiek behoren wij dan alle dingen te geloven, te hopen en te verdragen?

Ten eerste, we moeten de liefde van God geloven tot het einde, zelfs tijdens de beproevingen.

1 Petrus 1:7 zegt, *"...opdat de echtheid van uw geloof, kostbaarder dan vergankelijk goud, dat door vuur beproefd wordt, tot lof en heerlijkheid en eer blijke te zijn bij de openbaring van Jezus Christus."* Hij zuivert ons zodat wij de kwalificaties zullen bezitten om in staat te zijn om te genieten van de lof, en glorie en eer, wanneer wij leven over en op deze aarde.

Ook, wanneer wij volledig leven overeenkomstig het Woord van God, en geen compromis sluiten met de wereld, mogen wij misschien enkele gelegenheden tegenkomen waarin we oneerlijk lijden tegenkomen. Elke keer, moeten wij geloven dat we bijzondere liefde van God ontvangen. We zullen dan in plaats van ontmoedigd te zijn, dankbaar zijn omdat God ons leidt naar een betere verblijfplaats in de Hemel. Ook, moeten we geloven in de liefde van God en we moeten geloven tot het einde. Er zijn misschien sommige pijnen in de beproevingen van het geloof.

Wanneer de pijn erg is en het gaat voor een lange tijd zo door, denken we misschien, "Waarom helpt God mij niet? Houdt Hij niet meer van mij?" Maar in die tijden, moeten wij juist de liefde van God duidelijker overdenken en volharden in de beproeving. We moeten geloven dat God, de Vader ons wil leiden naar een betere hemelse verblijfplaats, omdat Hij van ons houdt. Wanneer wij volharden tot het einde, zullen wij uiteindelijk volmaakte kinderen van God worden. *"Maar die volharding moet volkomen doorwerken, zodat gij volkomen en onberispelijk zijt en in niets te kort schiet"* (Jakobus 1:4).

Ten tweede, om alle dingen te verdragen moeten wij geloven dat de beproevingen een kortere weg is om onze hoop te vervullen.

Romeinen 5:3-4 zegt, *"En niet alleen (hierin), maar wij roemen ook in de verdrukkingen, daar wij weten, dat de verdrukking volharding uitwerkt, en de volharding beproefdheid, en de beproefdheid hoop;"* De verdrukking hier is als een kortere weg om onze hoop te bereiken. U denkt misschien als volgt, "O, wanneer kan ik veranderen?" maar wanneer u volhard en steeds opnieuw blijft veranderen, dan zult u uiteindelijk beetje bij beetje een echt en volmaakt kind van God worden, dat op Hem gelijkt.

Daarom, wanneer een beproeving komt, zou u die niet moeten ontwijken, maar moeten proberen om er doorheen te gaan met uw beste inzet. Natuurlijk, is de wet van de natuur en de natuurlijke begeerte van de mens om de makkelijkste weg te kiezen. Maar wanneer wij proberen om weg te komen van de beproevingen, zal onze reis alleen maar langer zijn. Bijvoorbeeld, er is een persoon die voortdurend en in elke zaak problemen veroorzaakt voor u. U laat het niet openlijk zien, maar u voelt zich niet gemakkelijk wanneer u die persoon ontmoet. Dus, u wilt hem eigenlijk ontwijken. In deze situatie, zou u niet moeten proberen om hem te negeren, maar u zou het actief moeten overwinnen. U moet de moeilijkheid verdragen die u met hem hebt, en het hart ontwikkelen om die persoon echt te begrijpen en te vergeven. Dan zal God u de genade geven en zult u veranderen. Evenzo, zal elke beproeving komen met een steen om op te stappen en de kortere weg om uw hoop te vervullen.

Ten derde, om alle dingen te verdragen, moeten wij enkel goedheid doen.

Wanneer wij de gevolgen tegemoet zien, zelfs na het verdragen van alle dingen overeenkomstig het Woord van God, beginnen mensen gewoonlijk tegen God te klagen. Ze klagen, zeggende, "Waarom verandert de situatie niet, zelfs niet nadat ik handel naar het Woord?" Alle beproevingen van geloof worden gebracht door de vijand duivel en Satan. Dat wil zeggen, dat de testen en beproevingen een strijd zijn tussen goed en kwaad.

Om de overwinning te behalen in deze geestelijke strijd, moeten we vechten overeenkomstig de regels van de geestelijke wereld. De wet van de geestelijke wereld is dat goedheid uiteindelijk overwint. Romeinen 12:21 zegt, *"Laat u niet overwinnen door het kwade, maar overwin het kwade door het goede."* Wanneer wij in goedheid handelen op deze manier, lijkt het er misschien op alsof we ons gezicht op dat moment verliezen, maar in feite, is het tegenovergestelde waar. Het komt omdat de rechtvaardige en goede God alle dingen beheerst zoals het geluk, ongeluk, en leven en dood van de mensheid. Daarom, wanneer wij testen, beproevingen en vervolgingen tegenkomen, moeten wij alleen maar handelen in goedheid.

In sommige gevallen zijn er gelovigen die vervolgingen ondergaan vanwege hun ongelovige familieleden. In zo'n geval, denkt de gelovige misschien, "Waarom is mijn man zo kwaad? Waarom is mijn vrouw zo kwaad?" Maar dan, zal de test nog groter en langer worden. Wat is goedheid in zo'n situatie? U moet bidden met liefde en hen dienen in de Here. U moet het licht worden dat stralend schijnt naar uw familie.

Wanneer u alleen maar goed aan hen doet, zal God het uitwerken op de juiste tijd. Hij zal de vijand duivel en satan verdrijven en het hart van uw familieleden ook bewegen. Alle problemen zullen worden opgelost, wanneer u in goedheid handelt overeenkomstig de regels van God. Het krachtigste wapen in de geestelijke strijd is niet in kracht of wijsheid van mensen, maar in de goedheid van God. Laten wij daarom alleen verdragen in goedheid en goede dingen doen.

Is er iemand om u heen van wie u denkt dat het heel moeilijk is om samen te zijn en moeilijk is om te verdragen? Sommige mensen maken altijd fouten, veroorzaken schade en geven anderen een moeilijke tijd. Sommigen klagen veel en worden zelfs chagrijnig over kleine dingen. Maar wanneer u echte liefde in u ontwikkelt, zal er niemand te moeilijk zijn om te verdragen. Dat komt omdat u anderen liefhebt als u zelf, zoals Jezus zei tegen ons om onze naaste lief te hebben als onszelf (Matteüs 22:39).

God de Vader begrijpt ons ook en verdraagt ons ook zoals dit.

Totdat u deze liefde in u hebt ontwikkeld, zult u leven als een oesterparel. Wanneer een vreemd voorwerp zoals zand, zeewier of een deel van een schelp tussen de schelp en het lichaam binnendringt, veranderd de oesterparel in een kostbare parel! Op dezelfde wijze, wanneer wij geestelijke liefde ontwikkelen, zullen wij door de parelen poort, het Nieuwe Jeruzalem binnengaan, waar de troon van God gelegen is.

Stelt u enkel de tijd voor wanneer u de parelen poort zult voorbij gaan en u het verleden van deze aarde zult herinneren. We zouden in staat moeten zijn om te belijden aan de Vader, God, "Dank U dat U alle dingen bedekt, gelooft, gehoopt en verdragen hebt voor mij." Want Hij zal onze harten kneden tot mooie parels.

Kenmerken van geestelijke liefde III	
	12. Het bedekt alle dingen
	13. Het gelooft alle dingen
	14. Het hoopt alle dingen
	15. Het verdraagt alle dingen

De volmaakte liefde

*"De liefde vergaat nimmermeer; maar profetieën,
zij zullen afgedaan hebben; tongen, zij zullen verstommen;
kennis, zij zal afgedaan hebben.
Want onvolkomen is ons kennen en onvolkomen ons profeteren.
Doch, als het volmaakte komt, zal het onvolkomene afgedaan hebben.
Toen ik een kind was, sprak ik als een kind, voelde ik als een kind,
overlegde ik als een kind.
Nu ik een man ben geworden, heb ik afgelegd wat kinderlijk was.
Want nu zien wij nog door een spiegel, in raadselen,
doch straks van aangezicht tot aangezicht.
Nu ken ik onvolkomen, maar dan zal ik ten volle kennen,
zoals ik zelf gekend ben. Zo blijven dan:
Geloof, hoop en liefde, deze drie, maar de meeste van deze is de liefde."*
1 Korintiërs 13:8-13

Wanneer wij naar de Hemel gaan, als u één ding zou kunnen meenemen met u, wat zou u dan meenemen? Goud? Diamant? Geld? Al deze dingen zijn nutteloos in de Hemel. In de Hemel zijn de wegen waarop u zult wandelen van zuiver goud. Wat God de Vader in de hemelse verblijfplaatsen heeft voorbereid is zo mooi en kostbaar. God begrijpt onze harten en bereidt de beste dingen voor met al Zijn wilskracht. Maar er is een ding dat we mee kunnen nemen van deze aarde, en dat ook in de Hemel waardevol zal zijn. Het is de liefde. Het is de liefde die we in onze harten ontwikkelden terwijl wij hier in deze wereld leefden.

Liefde is ook in de Hemel noodzakelijk

Wanneer de menselijke ontwikkeling over is en we het Hemelse Koninkrijk binnengaan, zullen alle dingen van deze aarde verdwijnen (Openbaringen 21:1). Psalm 103:15 zegt, *"De sterveling – zijn dagen zijn als het gras, als een bloem des velds, zo bloeit hij."* Zelfs de ongrijpbare dingen zoals rijkdom, roem, en autoriteit zullen ook verdwijnen. Alle zonden en duisternis zoals haat, ruzies, na-ijver, en jaloezie zullen verdwijnen.

Maar 1 Korintiërs 13:8-10 zegt, *"De liefde vergaat nimmermeer; maar profetieën, zij zullen afgedaan hebben; tongen, zij zullen verstommen, kennis, zij zal afgedaan hebben. Want onvolkomen is ons kennen en onvolkomen ons profeteren. Doch, als het volmaakte komt, zal het onvolkomene afgedaan hebben."*

De gaven van profetie, tongen en kennis in God zijn allemaal geestelijke dingen, dus waarom zullen zij verdwijnen? De Hemel is in de geestelijke wereld en is een volmaakte plaats. In de Hemel, zullen wij alles duidelijk weten. Zelfs al communiceren we duidelijk met God en profeteren wij, het is helemaal anders dan alles te begrijpen in het hemelse koninkrijk in de toekomst. Dan zullen wij duidelijk het hart van God, de Vader en de Here begrijpen, dus het zal niet meer noodzakelijk zijn om te profeteren.

Het is hetzelfde met het spreken in tongen. Hier, verwijst "tongen" naar verschillende talen. Nu hebben wij verschillende talen hier op deze aarde, dus om met anderen te praten die een andere taal spreken, moeten wij hun taal leren. Mede door de culturele verschillen, hebben wij veel tijd en inzet nodig om het hart en de gedachten te delen. Zelfs al spreken we dezelfde taal, we kunnen de harten en gedachten van andere mensen niet volledig begrijpen. Zelfs al spreken we vloeiend en uitgebreid, het is niet gemakkelijk om ons hart en gedachten voor 100% uit te drukken. Vanwege woorden, kunnen wij misverstanden en ruzies krijgen. Er zijn ook vele fouten in woorden.

Maar wanneer wij naar de Hemel gaan, moeten wij ons geen zorgen meer maken over deze dingen. Er is slechts één taal in de Hemel. Dus, er is geen nood meer om bezorgd te zijn dat we elkaar niet begrijpen. Omdat het hart goed is, drukt het zich uit zoals het is, er kan geen misverstand of vooroordeel zijn.

Het is ook zo met de kennis. Hier, verwijst "kennis" naar de kennis van het Woord van God. Wanneer wij op deze aarde leven, leren wij ijverig het Woord van God. Door de 66 boeken van de Bijbel, leren wij hoe wij gered kunnen worden en eeuwig leven kunnen verkrijgen. We leren over de wil van God, maar het is slechts een deel van de wil van God, wat alleen maar gaat over wat we nodig hebben om naar de Hemel te gaan.

Bijvoorbeeld, we horen en leren en oefenen zulke woorden uit zoals "Hebt elkander lief," "Weest niet na-ijverig, weest niet jaloers," enzovoort. Maar in de Hemel, is er alleen maar liefde, en dus, hebben wij daar dit soort van kennis niet meer nodig. Ondanks dat ze geestelijke dingen zijn, zullen uiteindelijk profetieën, verschillende tongen en alle kennis verdwijnen. Dat komt omdat we het slechts tijdelijk nodig hebben in deze natuurlijke wereld.

Daarom is het belangrijk om het Woord van de waarheid te kennen en te weten over de Hemel, maar het belangrijkste is om liefde te ontwikkelen. Tot de mate dat wij onze harten besnijden en liefde ontwikkelen, kunnen wij naar een betere hemelse verblijfplaats gaan.

Liefde blijft voor eeuwig kostbaar

Herinner enkel de tijd van uw eerste liefde. Hoe gelukkig u was! Zoals we zeggen, we zijn door liefde verblind, als wij echt van iemand houden, kunnen we alleen het goede zien van die persoon en ziet alles in de wereld er mooi uit. De zon lijkt meer te stralen dan ooit, en we voelen zelfs de geur van de lucht. Er zijn enkele laboratorium rapporten die zeggen dat de delen van de hersenen die het negatieve beheersen en de kritische gedachten veroorzaken minder actiever zijn van degenen die verliefd zijn. Op dezelfde manier, als u gevuld bent met de liefde van God in uw hart, bent u net zo gelukkig zelfs als u niet eet. In de Hemel, zal dit soort van vreugde voor eeuwig bestaan.

Ons leven op deze aarde is als een leven van een kind vergeleken met het leven dat we in de Hemel zullen hebben. Een baby, die net begint te spreken kan slechts een paar gemakkelijke woorden zeggen zoals "mama" en "papa." Hij kan nog niet veel dingen concreet tot in detail uitdrukken. Kinderen kunnen ook niet de complexe dingen van de wereld van de volwassenen begrijpen. Kinderen spreken, begrijpen, en denken binnen hun kennis en mogelijkheid als kinderen. Ze hebben geen gepast concept over de waarde van geld, dus als ze een munt of een biljet krijgen voorgeschoteld, nemen ze meestal de munt. Dat komt omdat ze weten dat munten iets waard zijn, want ze hebben het wel eens gebruikt om snoepjes of ijslolly's mee te kopen, maar ze weten niet wat de waarde van de biljetten zijn.

Het is als ons begrijpen van de Hemel, terwijl wij hier op aarde leven. We weten dat de Hemel een mooie plaats is, maar het is moeilijk uit te drukken hoe mooi het eigenlijk is. In het hemelse koninkrijk, zijn er geen grenzen, dus schoonheid kan uitgedrukt worden in de volste mate. Wanneer wij in de Hemel komen, zullen wij ook in staat zijn om de grenzeloze en geheimzinnige geestelijke wereld te begrijpen, en de principes waardoor alles functioneert. Dit staat opgeschreven in 1 Korintiërs 13:11, *"Toen ik een kind was, sprak ik als een kind, voelde ik als een kind, overlegde ik als een kind. Nu ik een man ben geworden, heb ik afgelegd wat kinderlijk was."*

In het hemelse koninkrijk, is er geen duisternis, of zorgen of angst. Daar bestaat alleen maar goedheid en liefde. Dus, we kunnen onze liefde uitdrukken en elkaar dienen zoveel als we willen. Op die manier, zijn de natuurlijke wereld en de geestelijke wereld volkomen anders. Natuurlijk, zelfs hier op aarde, zijn er grote verschillen in het begrip en gedachten van mensen overeenkomstig de mate van ieders geloof.

In 1 Johannes hoofdstuk 2, wordt elk niveau van geloof vergeleken met dat van kleine kinderen, kinderen, jongelingen en vaders. Voor degenen die het niveau van geloof hebben van kleine kinderen, zijn zij als kinderen in de Geest. Ze kunnen niet echt de diepe geestelijke dingen begrijpen. Ze hebben kleine kracht om het Woord uit te oefenen. Maar wanneer zij jongelingen en vaders worden, veranderen hun woorden, denken en daden. Ze hebben meer mogelijkheden om het Woord van God uit te oefenen, en zij kunnen de strijd tegen de machten van de duisternis winnen. Maar ondanks dat zij het geloof van vaders hier op aarde hebben bereikt, kunnen wij zeggen dat we nog steeds kinderen zijn vergeleken met de tijd dat we het Hemelse koninkrijk zullen binnengaan.

We zullen de volmaakte liefde voelen

De kinderjaren is de tijd van voorbereiding op het volwassen worden, en evenzo, is het leven op deze aarde de voorbereidingstijd voor het eeuwige leven. En deze wereld is als een schaduw vergeleken met het eeuwige hemelse koninkrijk van de hemel, en het gaat snel voorbij. Schaduw is niet het feitelijke ding. Met andere woorden, het is niet echt. Het is enkel het beeld dat gelijkt op het oorspronkelijke wezen.

Koning David zegende de Here voor de ogen van de hele gemeente en zei, *"Voorwaar, wij zijn vreemdelingen en bijwoners voor uw aangezicht, gelijk al onze vaderen; als een schaduw zijn onze dagen op aarde, zonder hoop"* (1 Kronieken 29:15).

Wanneer wij naar de schaduw van iets kijken, kunnen we de

algemene lijnen van het voorwerp begrijpen. Deze natuurlijke wereld is als een schaduw die ons een klein idee geeft over de eeuwige wereld. Wanneer de schaduw, welke het leven op deze aarde is, voorbij is, zal het eigenlijke wezen duidelijk geopenbaard worden. Nu op dit moment, kennen wij de geestelijke wereld maar vaag en schemerig, alsof we er naar kijken door een spiegel. Maar wanneer we naar het hemelse koninkrijk gaan, zullen wij alles zo duidelijk begrijpen net zoals we het van aangezicht tot aangezicht zien.

1 Korintiërs 13:12 zegt, *"Want nu zien wij nog door een spiegel, in raadselen, doch straks van aangezicht tot aangezicht. Nu ken ik onvolkomen, maar dan zal ik ten volle kennen, zoals ik zelf gekend ben."* Toen de Apostel Paulus dit Liefdeshoofdstuk schreef, is dat ongeveer 2000 geleden. Een spiegel in die tijd was niet zo helder als de spiegels van vandaag. Het was niet uit glas gemaakt. Ze gebruikten zilver, brons of staal en polijsten dat metaal om het licht te reflecteren. Dat is de reden waarom een spiegel schemerig was. Natuurlijk, zien en voelen sommige mensen het koninkrijk van de hemel levendiger met hun geestelijke ogen die geopend zijn. Toch, kunnen we schoonheid en het geluk van de Hemel enkel in een schemering ervaren.

Wanneer wij het eeuwige koninkrijk van de hemel later binnengaan, zullen wij elk detail van het koninkrijk duidelijk zien en het direct voelen. We zullen leren over de grootheid, almacht en de schoonheid van God, die elk woord te boven gaan.

Liefde is de grootste onder geloof, hoop en liefde

Geloof en hoop zijn heel belangrijk om ons geloof te laten

toenemen. We kunnen alleen maar gered zijn en naar de hemel gaan als wij geloof hebben. We worden enkel Gods kinderen door geloof. Omdat we alleen door geloof redding, eeuwig leven en het hemelse koninkrijk kunnen verkrijgen is het heel kostbaar. En de schat aller schatten is geloof; geloof is de sleutel om antwoorden op onze gebeden te ontvangen.

Wat nu met hoop? Hoop is ook kostbaar; we grijpen een betere verblijfplaats in de Hemel aan door hoop te hebben. Dus, wanneer wij geloof hebben, zullen we natuurlijk ook hoop hebben. Als we echt geloven in God en de Hemel en Hel, zullen we hoop voor de Hemel hebben. Ook wanneer wij hoop hebben, zullen wij proberen om geheiligd te worden en getrouw te werken voor Gods koninkrijk. Geloof en hoop zijn noodzakelijk totdat we het Hemelse koninkrijk bereiken. Maar 1 Korintiërs 13:12 zegt dat liefde de grootste is, en waarom?

Ten eerste, zijn geloof en hoop datgene wat we nodig hebben tijdens ons leven op deze aarde, en alleen geestelijke liefde zal overblijven in het koninkrijk van de Hemel.

In de hemel, moeten wij niet iets geloven zonder dat we het hebben gezien of iets hopen omdat alles er zal zijn voor onze ogen. Veronderstel, dat u iemand kent waar u heel veel van houdt, en u ontmoet hem niet voor een week, of zelfs niet gedurende tien jaren. We zullen veel diepere emoties hebben wanneer wij hem opnieuw ontmoeten na tien jaar. En degene ontmoeten, die we tien jaar hebben moeten missen, zal er nog iemand zijn die hem mist, na al die jaren?

Zo gaat het ook met ons Christelijke leven. Wanneer wij echt geloof en liefde hebben voor God, zal de hoop groeien terwijl de tijd verder gaat en zal ons geloof ook groeien. We zullen de Here toenemend zeer missen, terwijl de dagen voorbij gaan. Degenen die op deze manier hoop op de Hemel hebben, zullen niet zeggen dat het moeilijk is, ondanks dat ze hier op aarde de smalle weg nemen, en ze zullen niet worden beïnvloed door enige verleiding. En wanneer we onze uiteindelijke bestemming bereiken, het Hemelse koninkrijk, zullen wij geen geloof en hoop meer nodig hebben. Maar de liefde zal in de Hemel voor eeuwig blijven bestaan, en dat is de reden waarom de Bijbel zegt dat de liefde de grootste is.

Ten tweede, we kunnen de Hemel bezitten met geloof, maar zonder liefde, kunnen wij niet in de mooiste verblijfplaats, het Nieuwe Jeruzalem binnengaan.

We kunnen het hemelse koninkrijk met kracht innemen tot de mate dat wij handelen in geloof en hoop. Tot de mate dat wij leven door het Woord van God, de zonden verwerpen, en het mooie hart ontwikkelen, zullen wij geestelijk geloof krijgen, en overeenkomstig de mate van dit geestelijke geloof, zullen wij verschillende verblijfplaatsen krijgen in de Hemel: Het Paradijs, het Eerste Koninkrijk, het Tweede Koninkrijk, het Derde Koninkrijk, en het Nieuwe Jeruzalem.

Het Paradijs, is voor degenen die het geloof hebben om enkel gered te worden door Jezus Christus aan te nemen. Het betekent dat zij niets hebben gedaan voor het koninkrijk van God. Het Eerste Koninkrijk van de Hemel is voor degenen die geprobeerd hebben om te leven door het Woord van God, nadat zij Jezus Christus hebben aangenomen. Het is veel mooier dan het Paradijs. Het Tweede Koninkrijk van de Hemel is voor degenen die door het Woord van God hebben geleefd met hun liefde voor

God en die getrouw geweest zijn in Gods koninkrijk. Het Derde Koninkrijk van de Hemel, is voor degenen die God tot de uiterste mate liefhebben en alle vormen van het kwade hebben verworpen om volkomen geheiligd te worden. Het Nieuwe Jeruzalem is voor degenen die een God welgevallig geloof hebben en getrouw zijn geweest in geheel Gods huis.

Het Nieuwe Jeruzalem is een hemelse verblijfplaats die wordt gegeven aan die kinderen van God die de volmaakte liefde met geloof hebben ontwikkeld, en het is een kristalachtige liefde. In feite, heeft behalve Jezus Christus, de eniggeboren Zoon van God, niemand de kwalificaties om het Nieuwe Jeruzalem binnen te gaan. Maar wij als mensen kunnen ook de kwalificaties hebben om binnen te gaan, als wij gerechtvaardigd zijn door het kostbare bloed van Jezus Christus en het volmaakte geloof bezitten.

Voor ons om op de Here te gelijken en in het Nieuwe Jeruzalem te verblijven, moeten wij de weg die de Here nam volgen. Die weg is liefde. Alleen met deze liefde kunnen wij de negen vruchten van de Heilige Geest en de Zaligspreking dragen, om waardig te zijn om Gods echte kinderen te zijn, die hetzelfde karakter als de Here hebben. Eens we de kwalificaties als Gods echte kinderen hebben, ontvangen we alles wat we hier op aarde vragen, en zullen wij ook het voorrecht hebben om voor eeuwig met de Here te wandelen in de Hemel. Daarom, kunnen wij naar de Hemel gaan, wanneer wij geloof hebben, en de zonde hebben verworpen wanneer wij hoop hebben. Om die reden, zijn geloof en hoop absoluut noodzakelijk, maar de liefde is de grootste, want we kunnen alleen het Nieuwe Jeruzalem binnengaan, wanneer wij die liefde hebben.

"Zijt niemand iets schuldig dan elkander lief te hebben;

want wie de ander liefheeft, heeft de wet vervuld.

Want de geboden: gij zult niet echtbreken,

gij zult niet doodslaan, gij zult niet stelen,

gij zult niet begeren en welk ander gebod er ook zij,

worden samengevat in dit woord:

gij zult uw naaste liefhebben als uzelf.

De liefde doet de naaste geen kwaad;

daarom is de liefde de vervulling der wet."

Romeinen 13:8-10

Deel 3

Liefde is de vervulling van de wet

Hoofdstuk 1 : De liefde van God

Hoofdstuk 2 : De liefde van Christus

HOOFDSTUK 1

De liefde van God

"En wij hebben de liefde onderkend en geloofd,
die God jegens ons heeft.
God is liefde, en wie in de liefde blijft,
blijft in God en God blijft in hem."
1 Johannes 4:16

Terwijl hij aan het werken was met de Quechua Indianen, begon Elliot zich voor te bereiden om de bekende gewelddadige Huaorani Indianen stam te bereiken. Hij en vier andere zendelingen, Ed McCully, Roger Younderian, Peter Fleming en hun piloot Nate Saint, maakten met hun vliegtuig contact met de Huaorani Indianen, terwijl ze een luidspreker gebruikten en een mand met geschenken afgaven. Na enkele maanden, besloten de mannen om een basis te bouwen dicht bij de Indiaanse stam, langs de Curaray Riviers. Daar werden ze verschillende keren benaderd door kleine groepen Huaorani Idianen, en gaven zelfs een vliegtuigritje naar een heel nieuwsgierige Huaorani, die zij "George" (zijn echte naam was Naenkiwi) noemden. Bemoedigd door deze vriendelijke ontmoetingen, begonnen zij plannen te maken om de Huaorani stammen te bezoeken, maar hun plannen werden overbodig gemaakt doordat er een grote groep Huaorani's kwamen, die Elliot en zijn vier metgezellen doodden op 8 januari 1956. Elliot's verminkte lichaam werd stroomafwaarts gevonden, samen met dat van de vier andere mannen, behalve dat van Ed McCully.

Elliot en zijn vrienden werden onmiddellijk wereldbekende martelaren en Life Magazine publiceerde een artikel van 10 pagina's over hun zending en dood. Ze werden geëerd met een aangevuurde interesse in de Christelijke zending onder de jeugd van hun tijd, en worden nog steeds beschouwd als een bemoediging voor Christelijke Zendelingen die over de hele wereld werken. Na de dood van haar echtgenoot, begonnen Elisabet Elliot en andere zendelingen te werken onder de Auca Indianen, waarbij zij een diepe impact hadden en velen zich bekeerden. Vele zielen werden gered door de liefde van God.

"Zijt niemand iets schuldig dan elkander lief te hebben; want wie de ander liefheeft, heeft de wet vervuld. Want de geboden: gij zult niet echtbreken, gij zult niet doodslaan, gij zult niet stelen, gij zult niet begeren en welk ander gebod er ook zij, worden samengevat in dit woord: gij zult uw naaste liefhebben als uzelf. De liefde doet de naaste geen kwaad; daarom is de liefde de vervulling der wet" (Romeinen 13:8-10).

Het hoogste niveau van liefde onder alle soorten van liefde is de liefde van God voor ons. De schepping van alle dingen en de mensen komt ook voort uit de liefde van God.

God schiep alle dingen en de mensen vanuit Zijn liefde

In het begin koesterde God een grote ruimte in het Heelal voor Zichzelf. Dit Heelal is heel anders dan het heelal wat wij vandaag kennen. Het is een ruimte dat geen begin of einde of enige grenzen heeft. Alle dingen zijn gedaan overeenkomstig de wil van God en wat Hij in Zijn hart koesterde. Als God dan alles kan doen en hebben wat Hij maar wil, waarom schiep Hij de mensen?

Hij wilde echte kinderen waarmee Hij de schoonheid van deze wereld kon delen, waarvan Hij ook genoot. Hij wilde de plaats delen waar alles gedaan was zoals Hij wenste. Het gelijkt op het menselijke denken; wij zouden openlijk goede dingen willen delen met degenen die wij liefhebben. Met deze hoop, plande

God de menselijke ontwikkeling om echte kinderen te verkrijgen.

In de eerste plaats, scheidde Hij het ene heelal in de natuurlijke wereld en de geestelijke wereld en schiep hemelse menigten en engelen, andere geestelijke wezens, en alle nodige dingen in de geestelijke wereld. Hij maakte een ruimte waar Hij kon verblijven, alsook het koninkrijk van de Hemel waar Zijn echte kinderen zouden verblijven, en de ruimte voor de mensen, waar de menselijke ontwikkeling kon plaatsvinden. Na een onmeetbare periode, schiep Hij de aarde in de natuurlijke wereld, samen met de zon, de maan, de sterren en de natuurlijke omgevingen, welke allemaal nodig waren voor de mens om te leven.

Er zijn talloze geestelijke wezens rond God, zoals engelen, en zij zijn onvoorwaardelijk gehoorzaam, ze lijken bijna op robotten. Het zijn geen wezens waarmee God Zijn liefde kan delen. Om die reden schiep God de mensen naar Zijn beeld, om echte kinderen te verkrijgen, waarmee Hij Zijn liefde kon delen. Als het mogelijk was, om robotten met mooie gezichten te hebben die precies handelen zoals u wil, zouden zij dan uw eigen kinderen kunnen vervangen? Ondanks dat uw kinderen van tijd tot tijd niet naar u luisteren, zullen ze toch nog liefelijker zijn dan die robotten, want zij kunnen uw liefde voelen en hun liefde naar u ook uitdrukken. Zo is het ook met God. Hij wilde echte kinderen waarmee Hij Zijn hart kon delen. Met deze liefde, schiep God de eerste mens, en hij was Adam.

Nadat God Adam schiep, maakte Hij een tuin, genaamd Eden in het oosten, en bracht hem daar. De Hof van Eden was door Gods consideratie gegeven aan Adam. Het is een ontzagwekkende mooie plaats, waar de bloemen en bomen heel goed groeien en de liefelijke dieren rondwandelen. Er zijn overal overvloedige vruchten. Er zijn zachte briesjes die aanvoelen als zachte zijde, en het gras maakt fluisterende geluiden. Het water schittert als kostbare edelstenen die weerspiegelen in het licht. Zelfs met het beste voorstellingsvermogen van de mens, kan de schoonheid van die plaats niet ten volle worden uitgedrukt.

God gaf ook een hulp aan Adam, wiens naam Eva was. Het komt niet omdat Adam zich alleen voelde. God begreep het hart van Adam al vooraf, want God was al die tijd ook alleen geweest. In de beste leefomgeving die God gaf, wandelden Adam en Eva met God, voor zo'n lange, lange tijd, en zij genoten van de grote autoriteiten die zij hadden ontvangen als heersers over de hele schepping.

God ontwikkelde mensen om ze tot Zijn echte kinderen te maken

Maar Adam en Eva hadden een gebrek aan iets om echte kinderen van God te zijn. Ondanks dat God hen Zijn volledige liefde gaf, konden zij niet echt Gods liefde voelen. Ze genoten van alles wat God gegeven had, maar er was niets dat zij hadden verdiend of verkregen door hun eigen inzet. Dus, ze wisten niet hoe kostbaar Gods liefde was, en ze waardeerden niet datgene wat ze hadden gekregen. Bovendien, ze hadden nog nooit dood of ongeluk ervaren, en ze kenden de waarde van het leven niet. Ze hadden nooit haat ervaren, dus zij begrepen niet de echte waarde van liefde. Ondanks dat zij erover hadden gehoord en het als hoofdkennis wisten, konden ze die echte liefde niet in hun harten voelen omdat ze het niet eerst hadden ervaren.

De reden waarom Adam en Eva van de boom van kennis van goed en kwaad aten ligt hierin. God zei, *"...want ten dage, dat gij daarvan eet, zult gij voorzeker sterven,"* maar zij kenden niet de volledige betekenis van sterven (Genesis 2:17). Wist God dan niet dat zij zouden eten van de boom van kennis van goed en kwaad? Hij wist het. Hij wist het, maar Hij gaf Adam en Eva toch een vrije wil om de keuze van gehoorzaamheid te maken. Hierin ligt de voorziening van de menselijke ontwikkeling.

Door de menselijke ontwikkeling, wilde God dat de mensheid tranen, zorgen, pijn, dood, etc... zouden ervaren, zodat wanneer zij later naar de Hemel gaan, zij de echte waarde en kostbaarheid zouden ervaren van de hemelse dingen, en zij in staat zouden zijn om te genieten van echt geluk. God wilde Zijn liefde voor eeuwig met hen delen in de Hemel, welke boven elke vergelijking uitgaat, omdat het zelfs mooier is dan de Hof van Eden.

Nadat Adam en Eva ongehoorzaam waren aan het Woord van God, konden zij niet langer in de Hof van Eden leven. En omdat Adam de autoriteit als heer over de schepping was verloren, werden ook alle dieren en planten vervloekt. De aarde die eens overvloedig en mooi was, was nu ook vervloekt. Nu produceerde het doornen en distels, en de mensen konden niets meer oogsten zonder dat ze ervoor werkten in het zweet des aanschijns.

Ondanks dat Adam en Eva ongehoorzaam waren aan God, maakte Hij toch kleren voor hen van de huid van dieren, want ze zouden nu gaan leven in een hele andere omgeving (Genesis 3:21). Gods hart moet gebrand hebben zoals dat van ouders, die hun kinderen soms voor een tijdje moeten wegsturen om hen voor te bereiden voor hun toekomst. Ondanks deze liefde van God, werden de mensen vlak nadat de menselijke ontwikkeling begon, bevlekt met zonden, en zij verwijderden zich snel van God.

Romeinen 1:21-23 zegt, *"Immers, hoewel zij God kenden, hebben zij Hem niet als God verheerlijkt of gedankt, maar hun overleggingen zijn op niets uitgelopen, en het is duister geworden in hun onverstandig hart. Bewerende wijs te zijn, zijn zij dwaas geworden, en zij hebben de majesteit van de onvergankelijke God vervangen door hetgeen gelijkt op het beeld van een vergankelijk mens, van vogels, van viervoetige en van kruipende dieren."*

Voor deze zondevolle mensheid, toonde God Zijn voorziening en liefde, door Zijn uitverkoren volk, Israël. Aan de ene kant, toen zij door het Woord van God leefde, toonde Hij hen ontzagwekkende wonderen en tekenen en gaf hen grote zegeningen. Aan de andere kant, toen zij van God afdwaalden, afgoden aanbaden en zondigden, zond God vele profeten om Zijn liefde te laten zien.

Een van die profeten was Hosea, die actief was in een duistere eeuw nadat Israël werd verdeeld in Noord Israël en Zuid Juda.

Op een dag gaf God een speciaal bevel aan Hosea, zeggende, *"Ga heen, neem u een ontuchtige vrouw en kinderen uit een ontuchtige geboren"* (Hosea 1:2). Het was onvoorstelbaar voor een goddelijke profeet om een ontuchtige vrouw te trouwen. Ondanks dat hij niet de volledige intentie van God begreep, gehoorzaamde Hosea Zijn Woord en nam een vrouw, genaamd Gomer, tot zijn echtgenote.

Ze gaf geboorte aan drie kinderen, maar Gomer ging naar een

andere man en volgde haar begeerte. Niettemin, zei God tegen Hosea dat hij zijn vrouw lief moest hebben (Hosea 3:1). Hosea zorgde voor haar en bracht haar terug tot zich met vijftien zilverstukken en een anderhalve homer gerst.

De liefde die Hosea aan Gomer gaf, symboliseert de liefde die God aan ons geeft. En Gomer, een ontuchtige vrouw symboliseert alle mensen die bevlekt zijn met de zonden. Net zoals Hosea een ontuchtige vrouw tot vrouw nam, hield God eerst van ons, die besmet waren door de zonden van deze wereld.

Hij toonde Zijn eindeloze liefde, hopende dat iedereen zich zou afkeren van hun weg naar de dood en Zijn kind zou worden. Zelfs wanneer zij bevriend waren met de wereld en afstand namen van God voor een tijdje, zal Hij niet zeggen, "U hebt Mij verlaten en Ik kan u nu niet meer opnieuw aannemen." Hij wil enkel dat iedereen terugkeert tot Hem en Hij doet dit zo met een serieuzer hart dan de ouders die op hun kinderen wachten die zijn weggelopen van thuis om terug te komen.

God bereidde Jezus Christus voor van voor de grondlegging der wereld

De parabel van de verloren zoon in Lucas 15 laat expliciet het hart van God, de Vader zien. De tweede zoon die een rijk leven had genoten als kind, had geen dankbaar hart naar zijn vader toe, noch begreep hij de waarde van het soort van leven dat hij leefde. Op een dag, vroeg hij om zijn erfdeel te krijgen. Hij was een typisch verwend kind, die om zijn erfdeel vroeg terwijl zijn vader nog leefde.

De vader kon zijn zoon niet tegenhouden, want zijn zoon begreep het hart van de ouders helemaal niet, en hij gaf hem uiteindelijk zijn erfdeel. De zoon was blij en vertrok op reis. De pijn van de vader, begon op dat moment. Hij was tot stervens toe bezorgd, denkende, "Wat als hij gewond raakt? Wat als hij slechte mensen tegenkomt?" De vader kon zelfs niet goed meer slapen omdat hij bezorgd was over zijn zoon, terwijl hij naar de horizon keek hopende dat zijn zoon zou terugkomen.

Spoedig raakte het geld van de zoon op, en de mensen begonnen hem te mishandelen. Hij was in zo'n wrede situatie dat hij zelfs zijn maag wilde vullen met de schillen die voor de varkens waren bedoeld, omdat hij zo'n honger had, maar niemand gaf hem iets. Toen herinnerde hij zich het huis van zijn vader. Hij keerde terug naar huis, maar hij had zo'n spijt dat hij zelfs zijn hoofd niet kon oprichten. Maar de vader rende naar hem toe, en kuste hem. De vader beschuldigde hem van niets, maar hij was blij en liet hem de beste kleren aantrekken en doodde het kalf om een feest te vieren. Dit is de liefde van God.

Gods liefde is niet alleen gegeven aan enkele speciale mensen op een bijzonder moment. 1 Timotheüs 2:4 zegt, *"[God] die wil, dat alle mensen behouden worden en tot erkentenis der waarheid komen."* Hij houdt altijd de deur tot redding open, en iedere keer wanneer een ziel terugkeert tot God, verwelkomt Hij elke ziel met zoveel vreugde en geluk.

Met deze liefde van God, die ons niet loslaat tot het einde, werd de weg voor iedereen geopend, om redding te ontvangen. Het is dat God, Zijn eniggeboren Zoon Jezus Christus heeft voorbereid. Zoals geschreven staat in Hebreeën 9:22 *"En nagenoeg alles wordt volgens de wet met bloed gereinigd, en zonder bloedstorting geschiedt er geen vergeving,"* Jezus betaalde de prijs van de zonden, die de zondaren moesten betalen, met Zijn kostbare bloed en Zijn eigen leven.

1 Johannes 4:9 spreekt over de liefde van God zoals geschreven staat, *"Hierin is de liefde Gods jegens ons geopenbaard, dat God zijn eniggeboren Zoon gezonden heeft in de wereld, opdat wij zouden leven door Hem."* God liet Jezus' kostbare bloed vergieten om de mensheid van al hun zonden te verlossen. Jezus werd gekruisigd, maar Hij overwon de dood en stond de derde dag op uit de dood, want Hij had geen zonden. Hierdoor werd de weg van redding voor ons geopend. Door ons Zijn eniggeboren Zoon te geven, is niet zo gemakkelijk als het klinkt. Een Koreaans gezegde gaat als volgt, "Ouders voelen geen pijn, zelfs als hun kinderen voor hun ogen zijn." Vele ouders vinden het leven van hun kinderen veel belangrijker dan hun eigen leven.

Daarom, voor God om Zijn eniggeboren Zoon Jezus te geven, laat ons de grote liefde zien. Bovendien, bereidde God het hemelse koninkrijk voor, voor degenen die Hij terug krijgt door het bloed van Jezus Christus. Wat een grote liefde is dat! En toch, eindigt Gods liefde niet hier.

God gaf ons de Heilige Geest om ons naar de Hemel te leiden

God geeft de Heilige Geest als een geschenk aan degenen die Jezus Christus aannemen en de vergeving van zonden ontvangen. De Heilige Geest is het hart van God. Vanaf de tijd dat de Here naar de hemel ging, zond God de Helper, de Heilige Geest in onze harten.

Romeinen 8:26-27 zegt, *"En evenzo komt de Geest onze zwakheid te hulp; want wij weten niet wat wij bidden zullen naar behoren, maar de Geest zelf pleit voor ons met onuitsprekelijke verzuchtingen. En Hij, die de harten doorzoekt, weet de bedoeling des Geestes, dat Hij namelijk naar de wil van God voor heiligen pleit."*

Wanneer wij zondigen, leidt de Heilige Geest ons tot bekering door de verzuchtingen die te diep zijn voor woorden. Degenen die een zwak geloof hebben, geeft Hij geloof; degenen die geen hoop hebben, geeft Hij hoop. Net zoals moeders nauwkeurig hun kinderen vertroosten en verzorgen, geeft Hij ons Zijn stem zodat we op geen enkele manier worden gekwetst of beschadigd. Op deze manier, laat Hij ons het hart van God kennen, die van ons houdt, en leidt Hij ons naar het koninkrijk van de Hemel.

Wanneer wij deze diepe liefde begrijpen, kunnen wij niets anders dan God ook liefhebben. Wanneer wij God met ons hart liefhebben, geeft Hij ons grote en ontzagwekkende liefde terug, die ons overweldigd. Hij geeft ons gezondheid, en Hij zegent ons zodat alles goed met ons gaat. Hij doet dit omdat het de wet van de geestelijke wereld is, maar belangrijker nog, omdat Hij wil dat wij Zijn liefde voelen door de zegeningen die wij van Hem ontvangen. *"Ik heb lief wie mij liefhebben, wie mij ijverig zoeken, zullen mij vinden"* (Spreuken 8:17).

Wat voelde u toen u voor de eerste keer God ontmoette en genezing of oplossingen ervoer voor verschillende problemen? U moet gevoeld hebben dat God van u houdt, ondanks dat u een zondaar bent. Ik geloof dat u in uw hart het volgende hebt beleden, "Als de oceaan vol inkt was, en de lucht perkament, zou de oceaan droog raken, om de liefde van God te kunnen beschrijven." Ik geloof ook dat u overweldigd zou zijn door de liefde van God, die u de eeuwige hemel geeft, waar geen zorgen, ziekten, scheiding en dood meer zijn.

Wij hielden niet eerst van God. God kwam eerst naar ons en strekte Zijn handen naar ons uit. Hij hield niet van ons, omdat wij het verdienden om geliefd te worden. God hield zoveel van ons dat Hij Zijn eniggeboren Zoon voor ons, zondaren gaf, die bestemd waren om te sterven. Hij hield van alle mensen, en Hij zorgt voor ons met een grotere liefde dan enige moeder kan liefhebben, en haar kind niet kan vergeten (Jesaja 4:15). Hij wacht op ons, alsof duizend jaren maar een dag waren.

Gods liefde is echte liefde, dat niet veranderd, zelfs niet wanneer de tijd verder gaat. Wanneer wij later naar de Hemel gaan, zal onze mond openvallen wanneer wij de mooie kronen, stralende fijne linnen, en hemelse huizen zullen zien die gemaakt zijn van goud en kostbare edelstenen, welke God heeft voorbereid voor ons. Hij geeft ons beloningen en geschenken, zelfs tijdens ons aardse leven hier, en Hij wacht vurig tot de dag om met ons te zijn in Zijn eeuwige glorie. Laten wij Zijn grote liefde voelen.

HOOFDSTUK 2 — *De liefde van Christus*

De liefde van Christus

"...en wandelt in de liefde,
zoals ook Christus u heeft liefgehad en Zich
voor ons heeft overgegeven als offergave en slachtoffer,
Gode tot een welriekende reuk."
Efeziërs 5:2

Liefde heeft de grote kracht om het onmogelijke mogelijk te maken. Vooral, de liefde van God en de liefde van de Here zijn ontzagwekkend. Het kan onbekwame mensen, die niet in staat zijn om iets effectief te doen veranderen in bekwamen mensen die alles kunnen doen. Wanneer ongeletterde vissers, tollenaars – die in die tijd als zondaren werden beschouwd – de armen, de weduwen, en verlaten mensen van de wereld, de Here ontmoetten, werden hun levens volledig veranderd. Hun armoede, en ziekten werden opgelost, en zij voelden de echte liefde die zij nooit eerder hadden ervaren. Ze beschouwden zichzelf als waardeloos, maar ze werden opnieuw geboren als glorieuze instrumenten van God. Dit is de kracht van liefde.

Jezus kwam naar deze aarde
En verliet alle hemelse glorie

In het begin was God het Woord, en het Woord kwam naar de aarde in een menselijk lichaam. Het is Jezus, de eniggeboren Zoon van God. Jezus kwam naar deze aarde om de mensen die aan zonde gebonden en op de weg van de dood waren, te redden. De naam "Jezus" wil zeggen *"Hij zal Zijn volk van hun zonden redden"* (Matteüs 1:21).

Al deze zonde-bevlekte mensen waren niets meer dan dieren geworden (Predikers 3:18). Jezus werd geboren in een stal van dieren om de mensen te redden, die datgene wat ze behoorden te doen hadden verlaten en niet beter waren dan dieren. Hij werd in een kribbe gelegd die bedoeld was om de dieren te voeren, om het echte voedsel voor de mens te worden (Johannes 6:51). Het was om het verloren beeld van God te herstellen voor de mensen en hen toe te staan om hun volledige plicht te vervullen.

Zoals Matteüs 8:20 zegt, *"De vossen hebben holen en de vogelen des hemels nesten, maar de Zoon des mensen heeft geen plaats om het hoofd neer te leggen."* Zoals gezegd, Hij had geen plaats om te slapen, en Hij moest in de nacht in het veld gaan, soms door de koude en regen. Hij ging soms zonder eten en was vele keren hongerig. Dat kwam niet omdat Hij niet bij machte was. Het was om ons te verlossen van armoede. 2 Korintiërs 8:9 zegt, *"Gij kent immers de genade van onze Here Jezus [Christus], dat Hij om uwentwil arm is geworden, terwijl Hij rijk was, opdat gij door zijn armoede rijk zoudt worden."*

Jezus begon Zijn openbare bediening met het teken van water veranderen in wijn tijdens de bruiloft van Kana. Hij preekte het koninkrijk van God en verrichtte vele tekenen en wonderen in het gebied van Judea en Galilea. Vele melaatsen werden genezen, de lammen gingen lopen en springen, en degenen die door demonen waren bezet, werden vrijgezet van de machten der duisternis. Zelfs een persoon die al vier dagen dood was, en bedorven rook, kwam levend uit het graf (Johannes 11).

Jezus liet zo'n ontzagwekkende dingen zien tijdens Zijn bediening op deze aarde om mensen Gods liefde te laten beseffen. Bovendien, terwijl Hij een was met de oorsprong, God en het Woord Zelf, bewaarde Hij de Wet om een volkomen perfect voorbeeld voor ons te plaatsen. Ook, omdat Hij de volledig Wet bewaarde, veroordeelde Hij niet degenen die de Wet overtraden en eigenlijk gedood moest worden. Hij onderwees de mensen alleen de waarheid, zodat er ook maar één ziel meer zich zou bekeren en redding zou ontvangen.

Als Jezus iedereen strikt had gemeten overeenkomstig de Wet, dan zou niemand in staat zijn om redding te ontvangen. De Wet zijn de geboden van God, die ons vertellen om bepaalde dingen te doen, niet te doen, te verwerpen en te bewaren. Bijvoorbeeld, er zijn geboden die ons zeggen om "de sabbat te heiligen; geen ruzie te maken met de gezinsleden of uw buren; uw ouders te eren; en alle vormen van kwaad te verwerpen." De definitieve bestemming van alle wetten is de liefde. Wanneer u alle wetten en regels bewaart, kunt u de liefde ten minste zichtbaar uitoefenen.

Maar wat God van ons verlangt, is niet alleen het bewaren van de Wet door onze daden. Hij wil dat wij de Wet met de liefde vanuit ons hart uitoefenen. Jezus kende dit hart van God heel goed en vervulde de Wet met liefde. Een van de beste voorbeelden, is het geval van de vrouw die op heterdaad betrapt was op overspel (Johannes 8). Op een dag, brachten de Schriftgeleerden en Farizeeërs een vrouw, die op heterdaad betrapt was op het plegen van overspel, en plaatsten haar in het midden van de mensen en vroegen Jezus: *"En in de wet heeft Mozes ons bevolen zulken te stenigen; Gij dan, wat zegt Gij?"* (Johannes 8:5).

Ze zeiden dit zodat ze een reden konden vinden om een aanklacht tegen Jezus te hebben. Wat denkt u dat de vrouw op dat moment gevoeld moet hebben? Ze moet zich zo geschaamd hebben dat haar zonden voor iedereen geopenbaard werd, en ze moet van angst gebeefd hebben, want ze stonden op het punt om haar te stenigen. Als Jezus zou zeggen, "Stenig haar," zou haar leven geëindigd zijn met vele stenen die naar haar gegooid zouden worden.

Jezus zei echter niet dat ze haar moesten straffen overeenkomstig de Wet. In plaats daarvan, boog Hij Zich neer en begon iets op de grond te schrijven met Zijn vinger. Het waren de namen van de zonden die de mensen daar in het algemeen deden. Nadat Hij hun zonden had opgeschreven, stond Hij op en zei, *"Wie van u zonder zonde is, werpe het eerst een steen naar haar"* (v. 7). Toen boog Hij opnieuw neer en begon iets te schrijven.

Dit keer, schreef Hij de zonden van elk persoon op, alsof Hij ze had gezien, zoals wanneer, waar en hoe ieder zijn zonde had gedaan. Degenen die pijnscheuten in hun geweten kregen, vertrokken een voor een van de plaats. Uiteindelijk bleef Jezus alleen achter met de vrouw. De volgende verzen 10 en 11 zeggen, *"En Jezus richtte Zich op en zeide tot haar: Vrouw, waar zijn zij? Heeft niemand u veroordeeld? En zij zeide: Niemand, Here. En Jezus zeide: Ook Ik veroordeel u niet. Ga heen, zondig van nu af niet meer!"*

Wist de vrouw niet dat de straf van overspel, de dood der steniging was? Natuurlijk wist ze dat. Ze kende de Wet, maar ze zondigde omdat ze haar begeerte niet kon overwinnen. Ze was enkel aan het wachten op de dood voor haar zonden, die geopenbaard waren, en ze ervoer onverwachts de vergeving van Jezus, hoe diep moet ze hierdoor geraakt zijn! Zolang zij Jezus liefde herinnerde, zou zij niet meer in staat zijn om die zonde opnieuw te doen.

Omdat Jezus met Zijn liefde de vrouw vergaf, die de Wet overtrad, is de Wet verouderd, zolang we maar de liefde voor God en onze naaste hebben? Nee, dat is niet zo. Jezus zei, *"Meent niet, dat Ik gekomen ben om de wet of de profeten te ontbinden; Ik ben niet gekomen om te ontbinden, maar om te vervullen"* (Matteüs 5:17).

We kunnen de wil van God perfecter uitoefenen omdat we de Wet hebben. Wanneer iemand zegt dat hij van God houdt, kunnen wij niet meten hoe diep of breed die liefde is. De mate van zijn liefde kan echter wel worden onderzocht, omdat we de Wet hebben. Wanneer iemand met zijn hele hart van God houdt, zal hij zeker de Wet bewaren. Voor zo'n persoon is het niet moeilijk om de Wet te bewaren. Bovendien, tot de mate dat hij de Wet op gepaste wijze bewaard, zal Hij Gods liefde en zegeningen ontvangen.

Maar de Wetgeleerden in de tijd van Jezus, waren niet geïnteresseerd in de liefde van God die in de Wet is opgenomen. Ze wilden zich niet richten om hun hart te heiligen, maar enkel in het houden van formaliteiten. Ze waren tevreden en ze waren zelfs trots dat ze de Wet uiterlijk bewaarden. Ze dachten dat ze de Wet bewaarden, en dus oordeelden en veroordeelden zij onmiddellijk degenen die de Wet overtraden. Toen Jezus de ware betekenis die de Wet bevat uitlegde, en onderwees over het hart van God, zeiden zij dat Jezus het verkeerd had en dat Hij door demonen bezet was.

Omdat de Farizeeërs geen liefde hadden, bracht het bewaren van de hele Wet geen voordeel voor hun zielen (1 Korintiërs 13:1-3). Ze verwierpen niet het kwaad uit hun harten, maar oordeelden en veroordeelden anderen, terwijl ze zelf afstand maakten van God. Uiteindelijk, zondigden zij door de Zoon van God te kruisigen, wat niet ongedaan gemaakt kon worden.

Jezus vervulde de voorziening van het kruis door gehoorzaamheid tot aan de dood

Tegen het einde van zijn driejarige bediening, ging Jezus, vlak voordat Zijn lijden begon naar de Olijfberg. Terwijl de nacht dieper werd, bad Jezus ernstig terwijl Hij de kruisiging voor Zich zag. Zijn gebed was een schreeuw, om alle zielen te redden door Zijn bloed dat volkomen onschuldig was. Het was een gebed om kracht, om het lijden aan het kruis te overwinnen. Hij bad heel vurig; en Zijn zweet werden bloeddruppels, die neervielen op de grond (Lucas 22:42-44).

In die nacht, werd Jezus door de soldaten gevangen genomen en werd voor verhoor meegenomen van de ene plaats naar de andere plaats. Uiteindelijk werd Hij ter dood veroordeeld tijdens de rechtszitting bij Pilatus. De Romeinse soldaten deden een doornenkroon op Zijn hoofd, spuwden op Hem, en sloegen Hem voordat ze Hem meenamen naar de plaats van executie (Matteüs 27:28-31).

Zijn lichaam was bedekt met bloed. Hij werd bespot en de hele nacht gegeseld, en met dat lichaam ging Hij naar Golgotha, terwijl Hij een houten kruis droeg. Een grote menigte volgde Hem. Ze hadden daarvoor "Hosanna" tot Hem geroepen, maar nu waren ze een wanordelijke menigte, die riepen, "Kruisig Hem!" Jezus gezicht was volledig met bloed bedekt, zodat Hij onherkenbaar was. Al Zijn kracht was uitgeput mede door de pijnen van de toegebrachte martelingen en het was heel moeilijk voor Hem om ook maar een stap vooruit te zetten.

Nadat Hij Golgotha had bereikt, werd Jezus gekruisigd om ons te verlossen van onze zonden. Om ons, die onder de vloek van de

Wet waren, die zegt dat het loon der zonden de dood is (Romeinen 6:23), te verlossen, werd hij aan een houten kruis gehangen en liet al Zijn bloed vloeien. Hij vergaf onze zonden die wij deden met onze gedachten door een doornenkroon op Zijn hoofd te dragen. Hij werd genageld door Zijn handen en voeten om onze zonden te vergeven die wij met onze handen en voeten doen.

De dwaze mensen die dit feit niet kennen, spotten en lachten met Jezus die aan het kruis hing (Lucas 23:35-37). Maar zelfs in de folterende pijn, bad Jezus om degenen te vergeven die Hem hadden gekruisigd, zoals geschreven staat in Lucas 23:34 *"Vader, vergeef het hun, want zij weten niet wat zij doen."*

Kruisiging is een van de wreedste methoden van executie. Degene die veroordeeld is moet gedurende een relatief lange tijd pijn lijden, langer dan bij andere straffen. De handen en voeten worden vastgenageld, en het vlees scheurt open. Er zijn ernstige uitdrogingen en wanorde in de bloedsomloop. Dit veroorzaakt een trage verslechtering van de functie van de interne organen. Degene die geëxecuteerd wordt lijd ook pijnen door de insecten die naar hem toekomen vanwege het bloed dat ze ruiken.

Wat denkt u dat Jezus dacht toen Hij aan het kruis hing? Het was niet de folterende pijn van Zijn lichaam. Maar Hij dacht in plaats daarvan aan de reden waarom God de mensen had geschapen, de betekenis van de menselijke ontwikkeling op deze aarde, en de reden waarom Hij Zichzelf moest offeren als de verzoening voor de zonde van de mensen, en Hij offerde gebeden van dankzegging tot de Vader.

Nadat Jezus gedurende zes uren pijn had geleden aan het kruis, zei Hij, *"Mij dorst!"* (Johannes 19:28). Het was een geestelijke dorst, welke de dorst is om de zielen te winnen die op weg zijn naar de dood. Denkende aan de talloze zielen die in de toekomst op aarde zouden leven, vroeg Hij ons om de boodschap van het kruis te delen en de zielen te redden.

Uiteindelijk zei Jezus, *"Het is volbracht!"* (Johannes 19:30) en toen blies Hij Zijn laatste adem uit, nadat Hij zei, *"Vader, in Uw handen beveel Ik Mijn Geest"* (Lucas 23:46). Hij legde Zijn geest in de handen van God want Hij had Zijn plicht volbracht om de weg tot redding voor de mensheid te openen door Zelf een verzoening te worden. Dat was het moment dat de grootste daad van liefde werd vervuld.

Sindsdien, was de muur van zonden die tussen God en ons in stond neergehaald, en waren wij in staat om rechtstreeks met God te communiceren. Hiervoor, moest de Hogepriester het offer voor vergeving namens het volk offeren, maar dat hoefde nu niet langer meer. Iedereen die gelooft in Jezus Christus, kan in het Heiligdom komen van God en God rechtstreeks aanbidden.

Jezus bereidde de Hemelse verblijfplaatsen voor met Zijn liefde

Voordat Hij het kruis nam, vertelde Jezus Zijn discipelen over de dingen die zouden komen. Hij vertelde hen dat Hij het kruis zou nemen, om de voorziening van God de Vader te vervullen, maar zijn discipelen waren nog steeds bezorgd. Nu legde Hij hen uit over de hemelse verblijfplaatsen om hen te troosten.

Johannes 14:1-3 zegt, *"Uw hart worde niet ontroerd; gij*

gelooft in God, gelooft ook in Mij. In het huis mijns Vaders zijn vele woningen – anders zou Ik het u gezegd hebben – want Ik ga heen om u plaats te bereiden; en wanneer Ik heengegaan ben en u plaats bereid heb, kom Ik weder en zal u tot Mij nemen, opdat ook gij zijn moogt, waar Ik ben." In werkelijkheid, overwon Hij de dood en stond op, en ging naar de Hemel terwijl vele mensen keken. Het was om onze hemelse verblijfplaatsen te kunnen voorbereiden. Wat betekent het "Ik ga u een plaats voorbereiden?"

1 Johannes 2:2 zegt, *"...en Hij is een verzoening voor onze zonden en niet alleen voor de onze, maar ook voor die der gehele wereld."* Zoals gezegd werd, wil het zeggen dat iedereen de Hemel door geloof kan bezitten, want Jezus heeft de muur van zonden tussen God en ons vernietigd.

Ook zei Jezus, "In Mijn Vaders huis zijn vele woningen," en het vertelt ons dat Hij wil dat iedereen redding ontvangt. Hij zei niet dat er vele verblijfplaatsen in de "Hemel" zijn, maar "in Mijn Vaders huis", omdat wij God, "Abba Vader" kunnen noemen door het werk van het kostbare bloed van Jezus.

De Heer doet nog steeds onophoudelijk voorbede voor ons. Hij bidt ernstig voor de troon van God, zonder te eten of te drinken (Matteüs 26:29). Hij bidt dat wij de overwinning zullen behalen in de menselijke ontwikkeling van deze aarde en de glorie van God zullen openbaren door onze zielen voorspoedig te maken.

Bovendien, wanneer het grote Oordeel van de Witte Troon zal plaatsvinden na de menselijke ontwikkeling, zal Hij nog steeds voor ons werken. Tijdens het oordeel zal iedereen geoordeeld worden zonder dat er ook maar een fout wordt gemaakt over alles wat iedereen heeft gedaan. Maar de Here zal de advocaat zijn voor Gods kinderen en pleitend zeggen, "Ik heb hun zonden weggewassen met Mijn bloed" zodat zij een betere verblijfplaats en zegeningen kunnen ontvangen in de Hemel. Omdat Hij naar deze aarde kwam en uit eerste hand alles heeft ervaren waar de mensen doorheen gingen, zal Hij voor de mensen spreken als een advocaat. Hoe kunnen wij deze liefde van Christus ten volle begrijpen?

God laat ons Zijn liefde kennen door Zijn eniggeboren Zoon Jezus Christus. Deze liefde is de liefde waarmee Jezus zelfs niet Zijn laatste bloeddruppels voor ons spaarde. Het is onvoorwaardelijke en onveranderlijke liefde, waarmee Hij ons zeven keer zeventig keer zou vergeven. Wie kan ons van deze liefde scheiden?

In Romeinen 8:38-39, verklaart de apostel Paulus, *"Want ik ben verzekerd, dat noch dood noch leven, noch engelen noch machten, noch heden noch toekomst, noch krachten, noch hoogte noch diepte, noch enig ander schepsel ons zal kunnen scheiden van de liefde Gods, welke is in Christus Jezus, onze Here."*

De apostel Paulus besefte deze liefde van God en de liefde van Christus, en gaf zijn eigen leven volledig op om te gehoorzamen aan de wil van God en te leven als een apostel. Bovendien, spaarde Hij zijn eigen leven niet om te evangeliseren onder de heidenen. Hij bracht de liefde van God in de praktijk om talloze zielen tot de weg van redding te leiden.

Ondanks dat hij de "eerste voorstander van de sekte der Nazoreeërs" werd genoemd, wijdde Paulus zijn hele leven toe als een prediker. Hij verspreidde aan de hele wereld de liefde van God en de liefde van de Here, die dieper en breder is dan enige maat. Ik bid in de naam van de Here dat u echte kinderen van God zult worden, die de Wet met liefde vervullen en voor eeuwig zullen verblijven in de mooiste hemelse verblijfplaats, het Nieuwe Jeruzalem, samen delende de liefde van God en de liefde van Christus.

De auteur:
Dr. Jaerock Lee

Dr. Jaerock Lee werd geboren in Muan, Provincie Jeonnam, Republiek van Korea, in 1943. In zijn twintiger jaren, leed Dr. Lee aan verschillende ongeneeslijke ziektes gedurende zeven jaar en wachtte op zijn dood zonder enige hoop op herstel. Op een dag in de lente van 1974, echter, werd hij naar een kerk geleid door zijn zuster en toen hij neerknielde om te bidden, genas de levende God hem onmiddellijk van al zijn ziektes.

Vanaf die tijd, ontmoette Dr. Lee de levende God door deze wonderlijke ervaring, hij heeft God lief met zijn hele hart en in oprechtheid, en in 1978 werd hij geroepen om een dienstknecht van God te zijn. Hij bad vurig zodat hij duidelijk de wil van God kon begrijpen en deze volledig te vervullen en alle woorden van God te gehoorzamen. In 1982, richtte hij de Manmin Kerk op in Seoul, Zuid-Korea, en ontelbare werken van God, inclusief wonderlijke wonderen van genezing en tekenen, hebben plaats gevonden in zijn kerk.

In 1986, werd Dr. Lee aangesteld als een voorganger in de jaarlijkse vergadering van Jezus' Sungkyul Gemeente van Korea, en 4 jaar later in 1990, werden zijn boodschappen uitgezonden in Australië, Rusland, de Filippijnen en nog meer landen door het Verre Oosten Televisie Bedrijf, het Televisie Bedrijf Azië, en het Washington Christelijke Radio Systeem.

Drie jaar later in 1993, werd de Manmin Centrale kerk uitgekozen tot een van de "werelds top 50 kerken" door het *Christian World* magazine (US) en hij ontving een Ere doctoraat van Godgeleerdheid van het Christian Faith College, Florida, USA, en in 1996 een Dr. in de Bediening van Kingsway Theologische Seminarium, Iowa, USA.

Sinds 1993, heeft Dr. Lee de leiding genomen in de wereld zending door vele overzeese campagnes in Tanzania, Argentinië, L.A., Oeganda, Japan, Pakistan, Kenia, de Filippijnen, Honduras, India, Rusland, Duitsland, Peru, Democratisch Republiek van Kongo, en Israël en Estonia.

In 2002 werd hij een "wereldwijde opwekkingsprediker" genoemd door een groot Christelijk Nieuwsblad in Korea, vanwege zijn krachtige bedieningen tijdens buitenslands campagnes. Vooral, zijn "New York campagne in 2006" welke gehouden werd in de Madison Square Garden, de beroemdste arena ter wereld, werd uitgezonden in meer dan 220 naties, en zijn 'Israel Verenigde Campagne in 2009' welke gehouden werd in het International Convention Center in Jeruzalem, waar hij vrijmoedig Jezus Christus verkondigde als de Messias en Redder. Zijn boodschap werd uitgezonden in 176 landen via satelliet inclusief GCN TV en hij stond op de Top 10 lijst als zijnde een van de meest invloedrijke Christelijke leiders van 2009 en 2010. door een bekend Russisch Christelijke magazine *In Victory* en nieuwe bureau *Christian Telegraph* voor zijn krachtige TV uitzendingen en buitenlandse kerk-en pastorbediening.

Vanaf november 2018, is de Manmin Central Church een gemeente met meer dan 130,000 leden en 11,000 binnenlandse en buitenlandse aftakkingen van de kerk over de hele wereld, inclusief 56 binnenlandse dochtergemeenten, en heeft meer dan 98 zendelingen uitgezonden naar 26 landen, inclusief de Verenigde Staten, Rusland, Duitsland, Canada, Japan, China, Frankrijk, India, Kenia, en veel meer.

Tot de datum van deze publicatie, heeft Dr. Lee 112 boeken geschreven, inclusef bestsellers als *Het Eeuwige Leven Smaken voor de Dood, Mijn Leven, Mijn Geloof I & II, De Boodschap van Het Kruis, De Mate van Geloof, De Hemel I & II, De Hel*, en *De Kracht van God*, en zijn werken zijn vertaald in meer dan 76 talen.

Zijn christelijke columns verschijnen in *The Hankook Ilbo, The JoongAng Daily, The Dong-A Ilbo, The Chosun Ilbo, The Seoul Shinmun, The Hankyoreh Shinmun, The Kyunghyang Shinmun, The Korea Economic Daily, The Shisa News*, en *The Christian Press*.

Dr. Lee is tegenwoordig oprichter en president van een aantal zendingsorganisaties en verenigingen: evenals voorzitter, De Verenigde Heiligheid Kerk of Jezus Christus; Blijvend President, Van de Wereld Christelijke Opwekkingsvereniging; Oprichter en bestuursvoorzitter, Wereld Christelijke Netwerk (GCN); Oprichter en Bestuursvoorzitter, De Wereld Christen Doktors Netwerk (WCDN); en Oprichter en Bestuursvoorzitter, Manmin Internationale Seminarium (MIS).

Andere krachtige boeken van dezelfde auteur

De Hemel I & II

Een gedetailleerde weergave van de prachtige leefomgeving waar de hemelburgers van zullen genieten en een mooie beschrijving van de verschillende niveaus van hemelse koninkrijken.

De Boodschap van Het Kruis

Een krachtige boodschap voor alle mensen om degene wakker te maken die geestelijk slapen! In dit boek kan je de reden vinden waarom Jezus de enige Redder is en de ware liefde van God.

De Hel

Een ernstige boodschap voor de gehele mensheid van God, die wenst dat niet een ziel valt in de diepten van de hel! U zult ontdekken de nooit-eerder-geopenbaarde weergave van de wrede realiteit van het Onder Graf en de Hel.

Geest, Ziel en Lichaam I & II

Een gids welke ons geestelijk begrip geeft van geest, ziel en lichaam en ons helpt om te ontdekken wat voor soort "zelf" wij hebben gemaakt, zodat wij de kracht kunnen verkrijgen om de duisternis te vernietigen en een geestelijk persoon kunnen worden.

De Mate van Geloof

Wat voor soort verblijfplaats, kroon en beloningen zijn er voor u voorbereid in de hemel? Dit boek is voorzien van wijsheid en leiding om uw geloof te meten en te ontwikkelen tot het beste en meest volwassen geloof.

Maak Israël Wakker

Waarom heeft God Zijn ogen over Israel bewaard vanaf de grondlegging der wereld tot op vandaag? Welke voorziening heeft Hij voorbereid voor Israel in deze laatste dagen, die op de Messias wacht?

Mijn Geloof, Mijn Leven I & II

Een zeer welriekende geestelijke geur onttrokken uit het leven dat bloeide met een onmetelijke liefde voor God, te midden van de donkere golven, koud juk en de diepste wanhoop.

De Kracht van God

Een boek wat gelezen moet worden, welke dient tot een noodzakelijke handleiding waardoor iemand echt geloof kan bezitten en de wonderlijke kracht van God kan ervaren.

www.urimbooks.com

www.ingramcontent.com/pod-product-compliance
Lightning Source LLC
LaVergne TN
LVHW041803060526
838201LV00046B/1108